MINZUDIQU ZHONGXIAOXUE
GONGMINJIAOYU YANJIU
YI YUNNAN MINZUDIQU WEILI

教育部人文社会科学研究项目青年基金项目

民族地区中小学公民教育研究

——以云南民族地区为例

任京民 著

民族出版社

图书在版编目（CIP）数据

民族地区中小学公民教育研究：以云南民族地区为例 / 任京民著 . — 北京：民族出版社，2018.8
ISBN 978-7-105-15468-5

Ⅰ. ①民… Ⅱ. ①任… Ⅲ. ①民族地区—中小学教育—公民教育—研究—云南 Ⅳ. ① G631.7

中国版本图书馆 CIP 数据核字（2018）第 168798 号

民族地区中小学公民教育研究：
以云南民族地区为例

策划编辑：欧光明
责任编辑：向　征
封面设计：金　晔
出版发行：民族出版社
地　　址：北京市和平里北街 14 号
邮　　编：100013
电　　话：010-64228001（汉文编辑二室）
　　　　　010-64224782（发行部）
网　　址：http://www.mzpub.com
印　　刷：北京中石油彩色印刷有限责任公司
经　　销：各地新华书店
版　　次：2018 年 9 月第 1 版　2018 年 9 月北京第 1 次印刷
开　　本：640 毫米 ×960 毫米　1/16
字　　数：220 千字
印　　张：16.25
定　　价：45.00 元
书　　号：ISBN 978-7-105-15468-5/G · 2117（汉 1015）

目　录

导　论

公民教育的实施，可以极大地提高公民的主体意识和对国家的责任感，因此，世界各国都极为重视公民教育。在我国，公民教育也受到越来越多的关注，并且逐渐成为基础教育课程改革中的一个热点。在“一带一路”倡议的背景下，如何实现少数民族地区教育的跨越式发展，如何培养少数民族地区青少年一代的公民意识，这些问题直接关系我国社会主义和谐社会建设和“一带一路”倡议实施的成效。为此，我们致力于中小学公民教育的理论探讨和实证研究，并尝试构建一个符合我国国情的、有针对性的少数民族地区中小学公民教育体系，希望为我国公民教育的改革与发展贡献绵薄之力。

本书正文部分主要包括以下九章内容：

第一章，公民教育概述。对公民教育的历史、公民教育的内涵、西方公民教育理论和公民意识研究进行梳理，以求得一个概括性的认识，为民族地区中小学公民教育体系的构建和云南民族地区中小学生公民意识的调查奠定基础。

第二章，民族地区中小学公民教育的意义与原则。这部分首先从社会主义和谐社会的建设、民族地区经济社会的快速发展、民族问题的处理、世界各国基础教育改革趋势等多个视角论述民族地区中小学公民教育的重要意义。随后，论述了民族地区中小学公民教育必须遵循的几个基本原则：

（1）方向性与现实性结合；（2）一般性与特殊性统一；（3）知行统一；（4）他律与自律结合。

第三章，民族地区中小学公民教育体系构建。我们确定的重点主要有五个：（1）公民教育目标。包括民族认同、国家认同与公民身份认同，社会价值观教育，形成公民权利和义务意识，学会行动。（2）公民教育内容。包括一般性内容和特殊性内容，其中少数民族地区的特殊性内容主要有民汉双语教育、民族文化传承教育、民族团结教育等。（3）公民教育渠道。主要包括学校教育、家庭教育和社会教育。（4）公民教育的学习策略。包括核心概念学习策略、争议性问题学习策略、合作学习策略、批判反思学习策略和社区服务学习策略。（5）公民教育保障措施。主要从政策保障、师资保障、社会环境保障和理论研究保障等几个方面加以探讨。

第四章，中小学公民教育的世界发展趋势。主要探讨了中小学公民教育的三个世界发展趋势：（1）国际意识和全球观念的培育；（2）多元文化教育；（3）健全人格的培养。

第五章，云南民族地区中小学生公民意识调查设计与实施。采取问卷调查和访谈调查两种方式。问卷调查包括：调查问卷的编制，问卷调查取样，调查问卷回收与处理，问卷调查数据检验等。访谈调查设计与实施包括：访谈对象、访谈方式等。

第六章，云南民族地区中小学生公民意识访谈调查分析。包括以下几个方面：学校重视学生公民意识的培育，学生公民意识的体现，学生公民意识的培育渠道，学生公民意识的培育方法，学生公民意识培育的影响因素，对学生公民意识培育的其他看法，访谈调查结论。

第七章，云南民族地区中小学生公民意识问卷调查分析。包括小学生样本描述、小学生公民意识特点，初中生样本描述、初中生公民意识特点，高中生样本描述、高中生公民意识特点。

第八章，云南民族地区中小学生公民意识影响因子分析。分别对性别因子、年级因子、年龄因子、家庭住所因子四个影响因子与公民意识之间进行方差分析和相关分析。

第九章，云南民族地区中小学生公民意识问卷调查结论与建议。总结问卷调查发现云南民族地区中小学生公民意识及其影响因子的特点；结合问卷调查发现，提出思考与建议。

第一章　公民教育概述

一、公民教育的历史

公民教育在西方社会具有悠久的历史，最早可以追溯到古希腊。古希腊时代，为了维护城邦的利益，各城邦都十分重视对未来一代进行公民教育，使他们能够成为具有无私奉献精神和爱国主义精神的公民。雅典和斯巴达的公民教育具有代表性。斯巴达公民教育的目的是将奴隶主的子弟培养成忠于邦国的、体格健壮的勇士；而雅典则在培养公民品德的基础上，更注意发展其智慧和审美力，以使他们能够有效地参加雅典诸方面的社会生活。

17 世纪以后，西方国家先后爆发了资产阶级革命并取得成功。为了巩固资本主义制度，培养新兴的国民，西方各国政府都十分重视对未来一代的国民进行公民教育。其中，法国是最早实施公民教育的西方国家。1789 年的《人权与公民权宣言》和 1791 年的第一部宪法，都明确提出了公民教育的思想。随后颁布的一系列重要的教育法规如《塔来朗法案》《卡诺教育法案》《费里法案》等，则进一步提出了公民教育的内容和实施办法。总之，随着资本主义的兴起、民族国家的发轫和市民社会的发展，西方许多国家相继开设了公民教育课程，这些课程虽然名称各异，但实质上是相同的。

早期的公民教育以培养公民义务为重点，把公民教育与道德教育结合起来，打破了宗教教育的垄断地位，开辟了教育世俗化，也是学校目标从仅仅培养贵族统治者转为培养社会公民的开始。公民教育的主要课程为“公民训导课”，其学习内容涵盖了国家政治制度、法律常识和社会公德及一般公民的权利和义务等诸多方面，促使学生理解所有权、普选权、服兵役等有关的公民权利与义务。随着时代的发展，“公民”的内涵和外延出现了较大的变化，公民教育的理念和课程也发生了相应的变革。比如，德国教育家凯兴斯坦纳（Georg Kerschensteiner）主张：不管公民的政治、宗教信仰如何，都要从“意志力”“判断力”“精细性”“奋斗性”四个方面陶冶其性格，培养其精神，使他们为国家服务。[①] 有些国家将公民课、地理、历史、社会学等课程的内容加以整合成为“社会科”（social studies），并且将公民教育的校内学习和校外活动结合起来，以培养学生的公民意识。

20 世纪 80 年代以来，公民教育成为西方国家政治哲学和教育理论关注的热点问题，各国学者对此进行了深入的探索和研究，取得了丰硕的成果。例如，英国教育家大卫·克尔（David Kerr）的比较公民教育思想，美国学者科根（Cogan）、戴理考特（Derricott）等人的多维度公民教育思想，澳大利亚学者斯蒂芬·卡斯尔斯（Stephen Castles）的全球化公民教育思想，美国学者约翰·J. 帕特里克（John J. Patrick）的公民教育课程发展趋势等。其中，亦不乏批判和反思者，例如加拿大学者乔治·H. 理查森（George H. Richardson）等人对公民教育固有规范和准则提出的质疑。目前，具有代表性的西方公民教育思想主要有四种，即自由主义的公民教育观、公民共和主义[②]的公民教育观、社群主义的公民教育观和多元主义的公民教育观。

---

① 刘志文：《现代教育思想》，69 页，北京，清华大学出版社，2012。

② 公民共和主义（civic republicanism），即新共和主义。

公民教育在西方国家中小学教育中占据重要地位。由于政治经济体制与历史背景的不相同，公民教育的基本理念和模式也因不同国家、不同历史时期而异。西方国家基本上都建立了符合本国国情、各具特色的公民教育体系，有效实现了公民教育目标明确，教育内容相互衔接，教育手段多样化，并渗透在道德教育和其他相关的课程中。例如，美国的“多元文化教育”、英国的“情感教育”、法国的“公民资格教育”、德国的“祖国知识和认同感教育”、日本的“忠君爱国思想教育”等。由此可见，公民教育是各国根据自己的社会性质和国情，确定一个合格的现代公民应该具有哪些基本条件而依法实施的教育。

我国是一个有着两千多年封建社会历史的国家，曾经长期处于封建制度和封建文化的统治之下。因此，我国古代只有培养君子的士大夫教育，没有培养公民的国民教育。直到 19 世纪末，随着西学东渐和新式学堂的建立，才开始在学校出现所谓现代公民教育。1919 年，全国教育会联合会提出编订公民教材案，开始了我国从实践层面探索公民教育的第一步。1922 年，该会拟定了《中小学课程标准》，首次把公民科列入中小学课程。

中华人民共和国成立后，公民教育在我国经历了一个曲折的发展过程。中华人民共和国成立伊始，虽然没有正式提出公民教育的概念，但是在学校德育的内容中，已经包含了社会主义公德意识方面的教育，学校的德育效果显著。不过，由于我们的公民教育意识一向淡薄，所以长期以来，我们一直以“大德育”涵盖公民教育的内容，没有提出明确的公民教育。20 世纪 80 年代以来，随着改革开放的不断深入、民主法治建设的不断完善，我国公民教育日渐受到重视。关于公民教育的研究发展迅速，从关注全社会、终身教育层面的公民整体素养的提高，发展到关注如何实现公民教育的课程化；由最初的对西方公民教育理论、公民教育案例的译介，发展到关注我国中小学公民教育的实践。当前，在全球化趋势日益明显、多元文化相互激荡的时代背景下，全面、深入探讨我国中小学公民教育的内涵、目标、内容和学习策略等问题，已成为我国基础教育课程改革的热点、亮点和难点。

二、公民教育的内涵

公民是一个世界各国广泛使用的概念。从词源上来看，公民作为一种政治身份，在古希腊被称为 Polis，原意是指“属于城邦的人”。亚里士多德（Aristotle）指出：“（1）凡有权参加议事和审判职能的人，我们就可说他是那一城邦的公民；（2）城邦的一般含义就是为了要维持自给生活而具有足够人数的一个公民集团。”① 然而，当时的公民身份只是少数人的一种特权，仅限于城邦居民中享有特权的统治阶级，包括奴隶主和自由民，其余广大的人群如奴隶、女性、外邦人等，都被排斥在外。古罗马时期，公民的范围扩大了，许多殖民地的人们获得了公民身份，但是奴隶和异邦人仍然被排除在罗马公民的范围之外。中世纪时期，在教权和政权的双重压迫下，封建政治专制和等级制度达到了极点，可以说公民的概念在这个时期实际上消失了。11 世纪末，随着商品经济的发展，出现了自治性的城市共同体，公民的概念才重新出现。

现代意义上的“公民”的涵义，则源于 17—18 世纪欧洲资产阶级革命时期。公民涉及自由、民主、人权、宪法、制度等现代国家的基本理念和要素，它是伴随着资本主义的确立和民主政治制度的产生而出现的，只有当人类发展到把国家视作公有物之时，才会出现公民，它是国家与社会矛盾的产物，是社会寻求民主自由和维护自身利益对国家提出的一种政治诉求，它是民主政治对专制国家或国家专制的否定，是对国

---

① ［古希腊］亚里士多德，吴寿彭译：《政治学》，113 页，北京，商务印书馆，1981。

家中心论的否定。[1] 可见，公民的核心内涵反映了民主社会中个人与国家的关系，确认了国家共同体中个别成员之间的权利与义务。根据《人权宣言》提出的人生而平等的原则，每个公民都有平等的权利和义务。20世纪以来，西方国家爆发了大规模的民权运动。通过不断的斗争，使普通民众的公民权利得到了一定程度的保障和扩大。

早期的公民教育一般局限于宪法所规定的权利与义务教育，使具有参政权的国民对国家主动地负起应尽的责任。随着社会的发展，公民教育的内涵也发生了变化。良好的公民不仅要牢记宪法所规定的国家政体，服从国家现存的政治秩序与法律规范，而且要通过对历史文化与社会现实的严肃思考，体会并认识民主国家的立国精神。现今的一些英语国家提倡，通过公民教育使儿童和青少年获得有效参与社会公共生活的必备知识、态度与能力。而公民的应知应会包括社会、道德、政治、经济、环境等诸方面内容。为此，学校的公民教育就是通过相关的课程和系列的活动，发展儿童和青少年的伦理自律人格，培养其爱国情感、民主观念和法治精神。

公民教育可以从不同层次来理解。最广义的公民教育不仅包括学校教育，也包括有助于培养公民的一切活动，范围包括全体社会成员、与公民社会生活直接或间接相关的全部教育内容和教育手段。因此，除了学校教育之外，我们还要关注社会因素、家庭因素对公民培养的影响。次广义的公民教育是指学校的一切教育活动。对于一个国家而言，教育的根本目标就是培养公民，在这个意义上一切学校教育都渗透着对公民知识、情感、态度以及能力的培养。由于青少年时期是公民意识形成的关键阶段，因此，我们应通过系统的学校教育帮助青少年社会化。狭义的公民教育专指学校的公民学科。尽管其他学科也会渗透公民教育内

① 李朝祥：《嬗变与整合：公民政治意识和国家意识形态》，58页，广州，世界图书出版广东有限公司，2013。

容，但是系统的公民知识和技能学习必须通过完整的公民课程体系来进行，因此我们应通过专门的公民学科来帮助青少年成为合格的公民。

三、西方公民教育理论

公民教育的实施需要相应的理论进行支撑。麦柏（Mabe）认为，公民教育的理论基础根植于政治哲学之中，因为政治哲学关注的是公民与政府的关系、政府的权限、公民的权利与义务、公民彼此之间的关系等问题。[①] 政治哲学思想不同，相应的公民教育理论也会不同。目前，西方公民教育理论主要有四种，即自由主义的公民教育观、公民共和主义的公民教育观、社群主义的公民教育观、多元主义的公民教育观。随着时代的发展和社会的变革，这四种公民教育理论之间已经形成了一种适度的张力，并且在动态平衡中不断完善西方公民教育的思想。在我国公民教育的发展过程中，有必要对西方主要的公民教育理论在批判的基础上进行借鉴，为我所用，以推进我国公民教育的改革。

（一）自由主义的公民教育观

自由主义思想是西方民主政治形成和发展的重要哲学基础之一，其基本理念是肯定个人的自由、平等；承认价值多元，尊重文化的差异；主张国家中立，反对国家干涉私人生活。由此，自由主义的公民观主要体现在以下几个方面：关于国家和个人之间的权利与义务关系，自由主义者强调个人权利绝对优先，以保障公民的自由；关于国家的责任与个人价值观的关系，自由主义者强调个人自由，反对国家干涉；关于个人如何参与国家政治生活，自由主义者多持有比较消极的政治参与观，认

---

① Mabe, R. Alan. *Moral and Practical Foundations for Civic Education*, The Social Studies, 1993, 84 (4) .

为是否参与取决于公民的自我选择。

自由主义的公民教育观：（1）自由主义应当成为西方公民教育的理论基础。（2）公民教育的目的在于将维系自由社会的公共价值观、道德规范、批判能力和民主性格传授给未来的公民，使学生学会在公共生活中容忍差异、平等尊重、理性沟通。（3）在教育的价值取向方面，国家不能以强制教育的方式灌输某种特定价值观，强调培育学生参与社会生活的公民素养和能力。（4）在公民教育的实施方面，课程设计、教材编纂、师资培养等环节都要有助于公民资质的培养。

总之，当代自由主义所倡导的是一种“理性的自由”，这种自由是公共领域和私人领域平衡下的自由。因此，自由主义期望通过公民教育告知学生如何在民主社会中理性行动，价值的底线在哪里，以维系社会稳定的发展，促进个人自由与社会正义的平衡。

（二）公民共和主义的公民教育观

西方的共和思想源远流长，在发展的过程中，先后经历了古典共和主义、自由共和主义、公民共和主义。在当代的政治思潮中，新共和主义也被称作公民共和主义。公民共和主义的核心理念是“公共善”（common good）。所谓的“公共善”，是指公民在公共领域所追求的共同目的，个体公民通过公共善的目标，把自身的命运与国家的命运联系在一起，为国家尽义务就是为自己的利益服务。在政府和个人之间的权利义务关系方面，主张国家利益优先于个人利益，公民个人的行为应当以是否有利于国家利益作为评价标准。在个人价值观方面，主张公民应当具有爱国主义思想，提倡通过社会成员的实际行动来推动整个社会的发展。在个人参与国家政治生活方面，鼓励公民积极主动地参与国家政治生活和社会生活，通过与其他参与者的互动来完善自己的人格。

公民共和主义的公民教育观：（1）在教育目的方面，公民共和主义者强调应当培养公民履行责任、义务和行使公民权利的主观愿望，并认为培养这种主观愿望是公民教育最主要的目的。（2）在教育内容方面，公民共和主义者认为公民教育内容应当包括培养公民德行和能力两方面。（3）在教育方法上，公民共和主义者认为社区服务等社会实践是提高公民能力、培养公民道德的最重要途径，通过公共服务容易让学生发现自我利益的实现和公共利益是紧密相连的。（4）公民共和主义者还倡导通过批判反省来教导学生理性地分析问题，认为通过学生批判式的反省，有助于增强其公民意识和对社会的认同。

总之，公民共和主义的公民教育观提倡培养公民爱国心，强化公民责任意识，注重公民参与和实践能力的培养。

（三）社群主义的公民教育观

社群主义在批判自由主义的过程中，在20世纪80年代末形成了一股新的政治思潮。到了20世纪90年代初，它发展为西方政治哲学的两大主流学派之一。社群主义者一方面反对自由主义所主张的个人利益绝对优先，人和人之间没有共享的价值和目标，社会只是达到个人利益的工具等观念；另一方面，社群主义虽然承袭公民共和主义的“公共善”与公民德行观点，但修正了公民应绝对忠诚爱国、牺牲个人、成全共和的目标。在个人利益、社群利益和国家利益关系方面，社群主义强调国家和社群利益优先于个人利益。在国家的责任与个人价值观方面，社群主义反对国家中立。在个人参与国家政治生活方面，社群主义认为积极主动地参与社群公共事务是享有公民资格的重要前提，公民的权利与义务是不可分割的。

社群主义的公民教育观：（1）在教育目的方面，社群主义者主张公民教育的目的在于培养公民对于国家、民族的认同感，提倡公民积极参与社会生活，提高公民的社会公德意识和爱国热情。（2）在教育价值取向方面，社群主义者认为公民教育的内容应当以合法性为基础，以社会公共利益为衡量标准。（3）在教育实施方面，社群主义者认为国家要让全体社会成员都享有平等的受教育机会，要将学校教育与社区教育相结合，设立社区学校，提高公民的社会意识。（4）社群主义者非常重视服务学习，强调让学生在社会实践中互动学习，培养合作分享、彼此关怀、敢于实践等人格素养。

总之，社群主义的公民教育观主要包含了两个方面内容：一方面，培养公民对其所属政治社群的认同感和归属感，实现社会的“公共善”；另一方面则强调培养公民对公共事务积极主动的参与意识和参与能力，在“公共善”中实现社群成员的理想和人生目标。

（四）多元主义的公民教育观

多元主义是西方19世纪末出现的一种新的政治思想。一元主义民主论是西方传统的政治思想，其基本观念是，人民的当家作主必须通过掌握国家权力来实现。多元主义的民主思想则认为，民主是由社会的众多团体共同参与政治决策来实现的，而不是仅仅通过国家这个唯一的权力中心来实现的。多元主义民主思想直接萌芽于19世纪后期的团体真实人格理论。20世纪初，英国的哈罗瓦·约瑟夫·拉斯吉（Harold J. Laski）首先提出了政治多元主义理论。“二战”以后，美国的罗伯特·达尔（Robert A. Dahl）进一步提出了系统的、完整的多元民主理论。多元民主理论对世界上的许多国家产生了重要影响，以至于在很长一段时间里在美国甚至整个西方政治理论中居于支配地位，并催生了多元主义公民教育思想的诞生。

多元主义的公民教育观：（1）在教育目标方面，多元主义者强调培养公民健全人格的重要性，以适应全球化的发展趋势。健全人格的内涵包括了开放自我、以宽容的态度对待他人、与他人共享价值、多元而非一元的价值取向、自信地看待自己和整个人类社会等。（2）在教育内容上，多元主义者既强调普世伦理，也强调多元的文化和价值理念，使学生除了共同的国家认同之外，也能理解不同的族群文化差异。（3）在受教育权利上，多元主义者认为要考虑到族群成员的差异性，给予族群特殊的权利保障，使族群不同的利益、文化经验、生活态度都有足够的发展空间。（4）在教育途径上，多元主义者认为要着重培养公民的政治参与能力，强调学生互相尊重、互相理解以及处理问题的差异。（5）在教育手段上，多元主义者认为既要积极改进传统的教育手段，又要充分运用新的技术手段，使教育形式多样化，以提高教育实效。

总之，多元主义公民教育观主张通过两种方式来促进公民权利平等。首先，通过传递容忍文化差异的民主价值观，使学生能够包容和接纳文化差异和价值多元；其次，通过文化的自我认同和对不同文化的宽容和尊重，培养青少年在人类共同生活的社会中的跨文化交际能力。

四、公民意识研究概述

（一）国内公民意识研究概述

学者轩颖（2003）指出，公民意识的培养是公民教育的核心和目标，公民意识突出体现着公民教育的目标要求。① “公民意识”是源于西方国家的地道的舶来品，20世纪90年代以来，我国法学界、伦理学界、社会学界、教育学界对公民意识、公民教育进行了广泛的学术探讨，由于研究视角、专业领域不同，研究者对于公民意识的观点也不尽相同。当下，中国社会科学院李慎之教授是国内公民意识的首倡者之

---

① 轩颖：《公民意识培养问题研究》，8页，长春，东北师范大学硕士学位论文，2003。

一，他认为："千差距，万差距，缺乏公民意识，是中国与先进国家最大的差距"。①

（1）法律、法学视角。学者黄稻（1987）、李龙（1991）等人是较早研究公民意识的学者，他们分别从法律、法学的视角对公民意识进行界定和阐释，涉及意识形态的各个领域。学者陈治国、徐中起（1997）从法律和社会学的角度对公民意识作了阐释，认为公民意识主要包括国民意识、主权意识、爱国意识、稳定意识；平等意识、老百姓意识；敬人意识、尊老意识、爱幼意识；公平意识、公正意识、诚实意识；祥和意识、互助意识；法治意识、依法意识。② 学者马长山（1999）从法学视角对公民意识作了精辟论述，认为公民意识是"人类自由自主活动内在精神的自觉反映和要求，公民意识是由合理性意识、合法性意识和积极守法精神与公共精神三元素构成"。③

（2）政治学、社会学视角。学者陈业宏、王萍（1996）较为详细地阐述了公民意识的概念，认为"公民意识的概念极其广泛，几乎涉及意识形态的各个领域，如民主观念、自由观念、平等观念、权利和义务观念、法制观念、婚姻家庭观念、公德观念等"，进而阐述了"理想信念、法制观念、权利义务观念、公德意识分别是公民意识的基础、首要环节、核心内容、最基本的公民意识和重要成分"。④ 著名学者朱学勤（1999）从政治范畴论述公民意识："公民意识是近代宪政的产物；是民众对政府权力公共性质的认可和监督；是对公共利益的自觉维护与积

① 李慎之：《修改宪法与公民教育》，载《改革》，1999（3），5页。

② 陈治国、徐中起：《也论公民意识》，载《云南学术探索》，1997（3），28～30页。

③ 马长山：《伦理秩序、法治秩序与公民意识——兼论社会主义市场经济条件下的意识形态构建》，载《江苏社会科学》，1998（4），43～44页。

④ 陈业宏、王萍：《公民意识、公德意识及公德构建》，载《河南师范大学学报》（哲学社会科学版），1996（5），91～92页。

极参与。”[①] 学者张民省（2005）从民主政治角度阐述了公民意识，认为公民意识是“民主意识与法律意识在国家活动领域为主的宏观范围内交融整合而成的特殊社会意识，是作为公民这个共同的社会角色对社会生活自觉的心理活动，是人的纪律意识、道德意识、法律意识的综合反映。体现为公民对自身权利的认识和觉醒，对法律权威性的承认和尊崇，对法治理想的崇敬和追求”。公民意识包括三个维度，即国家意识、权利与义务意识、公德意识。[②]

（3）公民学视角。学者雷骥（2005）认为，公民意识教育包含公民法律意识、纪律意识、道德意识、社会责任意识和爱国意识等。[③] 学者叶飞（2007）认为公民意识的要素为主体与权利意识、法律与责任意识、公共与私人道德意识。[④] 学者陈永森（1997）认为，公民要具有良好的公民意识，包括自主意识、公平竞争意识、法制观念和社会公德，以便为市场经济服务。秦树理教授（2008）对公民意识的要素进行了专题论述，认为公民意识包括国家意识、民族意识、国际意识、民主意识、权利意识、责任意识、法律意识、政治意识、平等意识、公平意识、自由意识、公共意识、参与意识、道德意识、文明意识、纳税意识、交通意识、生态意识等。[⑤] 郑杭生教授（2008）认为，所谓公民意识就是“公民对于自己的国家地位、应享受的权利和应履行的义务的自

---

① 朱学勤：《书斋里的革命》，363 页，吉林，长春出版社，1999。

② 张民省：《公民意识与中国现代化》，载《山西大学学报》（哲学社会科学版），2005（2），119 页。

③ 雷骥：《当前我国公民教育研究领域中几个亟待解决的问题》，载《河南师范大学学报》（哲学社会科学版），2005（11）。

④ 叶飞：《公民意识的内涵及其养成》，载《政工研究动态》，2007（21）。

⑤ 秦树理、王东虓、陈垠亭主编：《公民意识读本》，5～10 页，郑州，郑州大学出版社，2008。

觉意识”。[①] 学者罗列（2008）[②]、张婷（2009）[③]、易斌彬（2010）[④] 等人论述了公民意识的具体内涵，都是以公民自身角色的认识为主体，以宪法和法律规定的基本权利和义务为核心内容，把责任感、使命感和权利义务观融为一体的自我认识。学者们关注的研究方向不同，对公民意识的构成要素持有不同的观点，各抒己见，甚至公民意识培育的策略也各不相同。学者冯留建（2009）提出，运用社会共生理论来提升中国公民意识发展的路径选择，权利意识与责任意识是核心意识，国家意识、民主意识、法律意识、平等意识、文明意识、道德意识、纳税意识、生态意识都是基本意识。[⑤] 张宜海教授（2010）认为，公民意识是指作为一个国家成员的公民对自身身份、价值和尊严的反映，本质上讲，是“认识自己”。[⑥]

（二）国外公民意识研究概述

关于公民意识相关论述最早可追溯到古希腊、古罗马时期。西方各国历史文化传统的差异和社会制度的不尽相同，导致对“公民意识”一词的阐释差别也较大，往往趋向于政治文化的内容，有的称作“公民资格”“公民品德”等。

---

① 郑杭生：《从政治学、社会学视角看公民意识教育的基本内涵》，载《学术研究》，2008（8）。

② 罗列：《和谐社会构建中的公民意识培育》，太原，山西大学硕士学位论文，2008。

③ 张婷：《论我国农民公民意识的培育》，石家庄，河北师范大学硕士学位论文，2009。

④ 易斌彬：《和谐社会视域中的公民意识培育》，赣州，江西理工大学硕士学位论文，2010。

⑤ 冯留建：《公民意识新论》，22页，北京，新华出版社，2009。

⑥ 张宜海：《基础教育阶段如何培养学生的公民意识》，载《人民教育》，2010（18）。

（1）政治学、社会学视角。亚里士多德（Aristotle）在其伟大的著作《政治学》中，论述了公民意识思想。他认为，“在城邦中公民应享有人人平等的地位和权利，而城邦是人类生活中‘共同体’的最高形态；要使事物合乎正义（公平），须有毫无偏私的权衡；而法律恰正是这样一个中道的权衡”。[①] 资本主义社会的到来，给公民及公民意识的发展带来契机，卢梭（Rousseau）的人民主权思想较早地为公民意识的发展奠定了理论基础。近代政治思想家洛克（Locke）、密尔（John Stuart Mill）等论述过公民品德的重要性。当代社会，马歇尔（T. H. Marshall）（1949）在《公民资格和社会阶层》一文中从权利的角度第一次阐述了公民资格的概念，公民资格权利分为公民权利、政治权利和社会权利三类。美国公民教育之父霍拉斯·曼（Horace Mann）曾倡导要培育公民意识。美国政治学家 G. A. 阿尔蒙德（G. A. Almond）与维尔巴（Sidney Verba）主编的《公民文化——五国的政治态度和民主》，主要从政治认知、政治情感、党派信仰、公民责任感、公民能力感、臣民能力感等几方面进行公民意识研究。[②]

（2）公民学视角。高尔斯顿（Galston）（1991）、哈贝马斯（Habermas）（1992）等学者强调对公民权利的集中关注，应通过重视公民品德和积极的政治参与来实现。[③] 学者派克（Pococ）（1995）强调，在古罗马帝国时期，公民资格逐渐演变为一种法律身份，“附带着对某些确

① ［古希腊］亚里士多德著，吴寿彭译：《政治学》，169 页，北京，商务印书馆，1981。

② 参见李秀丽：《农民的公民意识培育与农村和谐构建》，3 页，太原，山西大学硕士学位论文，2007。

③ Habermas. *Citizenship and National Identity*: *Some Reflections on the Future of Europe*. Prsxis International，1992（5），7.

定物的权利在诸多种类和程度上的获得，如财产、豁免或期望”。[①] 哈丁（Hardin）（1995）、弗雷斯特（Fraster）（1998，2000）等学者认为，公民资格是群体差异权利、共同权利和文化多元化的互补。学者威利姆·米利卡（Willk Ymlicka）（2004）认为，公民资格的核心内容是“质疑政治权威的能力和愿望，从事与公共政策相关的公共讨论的能力和愿望”。学者L. W. 派伊（L. W. Pye）主要从传统文化心理的视角，来研究发展中国家的政治文化，主要采取传统—现代化的范式。美国学者托马斯·雅诺斯基（Thomas Janoski）从公民权利和义务方面研究公民资格理论，展示了四项法律权利、四项政治权利、五项社会权利和三项参与权利的序列，揭示了公民权利近几十年和数百年的发展历程，大大推进了公民理论的发展。[②] 以上学者和著作都从不同侧面界定了公民意识。

（三）已有研究存在的问题

通过梳理、分析已有研究成果我们发现，已有文献对公民意识的内涵、构成要素等的研究较为全面、深入；公民意识的研究视角与研究方法多样化的特征明显，这些研究对公民教育理论的发展都在一定程度上起到了催化、促进的作用。但是由于学者们的学术背景、研究视角、研究方法不同，对公民意识的研究也存在一些疏漏和不足之处。

其一，学术界对于宏观层面、理论层面的公民意识关注的多，对于微观层面、实践层面的中小学生公民意识关注的少。为了研究的需要，2013 年 2 月 2 日我们查询 CNKI 知网，录入检索词为“公民意识”，检

① 姚笛：《东北大学本科生公民意识状况的实证研究》，5 页，沈阳，东北大学硕士学位论文，2008。

② 李芳：《大学生公民素质教育理论探讨与实证研究》，4 页，北京，中国社会科学出版社，2008。

索项为“题名”“主题”，匹配类型为“精确”，搜索范围为1999—2012年全国优秀硕士学位论文，搜索结果为121篇，其中研究中学生公民意识的仅有8篇，研究小学生公民意识的仅有1篇。

其二，对公民意识内涵的界定视角较为单一，构成要素迥异。研究者更多是从自身的研究视角、学科领域来阐述公民意识内涵的界定及构成要素，教育、民主层面的思考相对较少。因此，我们有必要退回到研究的起点，首先要重新界定什么是公民意识、公民意识的构成要素等基本问题。只有厘清这些基本问题，才能保证我们开展云南少数民族地区中小学生公民意识现状调查时，具有可靠的理论基础。

其三，研究范式和研究方法有待改进。表现为理论性的研究多，实证调查研究少，理论结合实践的研究更为匮乏。国内的研究更是以单一的文献研究为主，实证研究严重不足。另外，由于研究范式的桎梏，已有研究的学术视域也不够开阔。我们认为，随着时代的发展和学术研究的突破，研究视域需要不断拓宽，研究范式和方法也有待改进。当前，公民意识的研究应该更多地借鉴扎根理论，走进真实的教育生活，以质的研究方法为基础，并与实证量化研究紧密结合，给公民意识教育研究注入新的元素，使之焕发新的活力。

其四，中小学生公民意识研究比较薄弱，少数民族地区中小学生公民意识研究更为滞后。已有的公民意识教育研究，既有宏观层面关于公民意识培育、公民责任意识、公民法律意识、公民纳税意识、公民慈善意识、公民道德意识等的研究，又有微观层面关于大学生公民意识培育研究、青少年公民意识培育研究、中小学生公民意识培育研究、网络视野下的公民意识等研究。但从总体上看，这些研究主题呈现非常态分布趋势，重一般现象而轻视特殊事例，特别是对特殊受教育群体、弱势群体以及少数民族地区公民意识的研究关注远远不够。

其五，我国研究者关于公民意识培育的对策方面主要是从国内现有经济、政治以及社会文化领域着手，对与当下公民意识不相契合的方面进行改造，忽略了在全球化的时代背景下，公民意识及少数民族地区的公民意识更需要“现代性”“国际性”的标准，这是提升和改进我们的教育与文化，完成由传统文明向现代文明转换的必由之路。因此，我们要不断地吸收和借鉴先进国家培育公民意识的经验，从本土实证研究入手，把握中小学生身心发展规律，探索提升公民意识的对策。

其六，调查研究样本偏小。已有的调查研究多是针对某个特定群体的，比如农民群体、小区居民社区群体、在校大学生、某一所中学等，调查对象的范围较为狭窄，调查规模比较大的尤其是以一个省为研究范围的调查还很少，针对云南少数民族地区中小学生公民意识的现状调查暂时还无人涉及。大样本的调查研究非常重要，因为这些通过实地调查获得的真实数据，是我国相关政府部门制订公民教育方针政策的直接依据，对于我国公民教育的发展具有极为重要的意义。

综上所述，我国中小学生公民意识的相关研究总体上还比较零散，缺乏较高层面的、大样本的调查研究，难于从整体上把握当前中小学生公民意识的真实现状和发展趋势。因此，我们课题组计划以访谈调查和问卷调查为研究工具，以云南少数民族地区中小学生为研究对象，深入调查他们的公民意识的发展现状，为构建有中国特色的少数民族地区中小学生公民教育体系奠定坚实的基础，具体内容请看本书的第五章至第九章。

第二章　民族地区中小学公民教育的意义与原则

一、民族地区中小学公民教育的意义

（一）建设社会主义和谐社会，满足人民美好生活的需要

2004 年 9 月 19 日，中国共产党第十六届中央委员会第四次全体会议上正式提出了“构建社会主义和谐社会”的概念。2017 年 10 月 18 日，中共十九大隆重召开。在党的十九大报告中，人民“美好生活”成为一个高频词，在全文中出现 14 次。报告指出：“人民美好生活需要日益广泛，不仅对物质文化生活提出了更高要求，而且在民主、法治、公平、正义、安全、环境等方面的要求日益增长”。[①] 因此，只有使各民族结成更加紧密的民族共同体，铸牢中华民族共同体意识，坚持推动构建人类命运共同体，才能够实现体现人民美好生活新期待的社会主义现代化强国的愿景与蓝图。

公民教育是国家为了培育合格公民所实施的一种教育，其范围包括政治、社会、法律、道德规范各层面。在建设社会主义和谐社会的进程

① 习近平：《在中国共产党第十九次全国代表大会上的报告》，[2017 - 10 - 27]，http：//www. guancha. cn/politics。

之中，必须大力开展公民教育，培育现代公民素养，积极发挥公民教育的社会功能，使之在国家政治、法律、社会主流价值观方面担负起应有的职责。为了发挥公民教育的功能，我国政府进行了不懈的探索和努力，颁行了很多相关的方针政策，取得了丰硕的成效。

1995 年，《中学德育大纲》明确规定：“中学德育工作的基本任务是把全体学生培养成为热爱社会主义祖国的具有社会公德、文明行为习惯的遵纪守法的公民。”

2001 年，中共中央颁布了《公民道德建设实施纲要》，该《纲要》指出：“把权利与义务结合起来，树立把国家和人民利益放在首位而又充分尊重公民个人合法权益的社会主义义利观。”

2004 年，我国颁布了《中共中央国务院关于进一步加强和改进未成年人思想建设的若干意见》。

2007 年，中共十七大报告进一步提出：“加强公民意识教育，树立社会主义民主法治、自由平等、公平正义理念，培养社会主义合格公民。”

2010 年，《国家中长期教育改革和发展规划纲要（2010—2020 年）》再次明确提出：“加强公民意识教育，树立社会主义民主法治、自由平等、公平正义理念，培养社会主义合格公民”。[①]

2017 年，中共十九大报告提出：“深入实施公民道德建设工程，推进社会公德、职业道德、家庭美德、个人品德建设，激励人们向上向善、孝老爱亲，忠于祖国、忠于人民。”

这些国家层面的理论探索和突破，都强调了从公民道德建设、公民素养培育等方面来加强公民教育，将公民教育提到了前所未有的高度。

---

① 《国家中长期教育改革和发展规划纲要（2010—2020 年）》，[2011－02－24]，http：//www. gov. cn。

（二）民族地区经济社会快速发展的需要

现代社会从本质上讲就是公民社会。公民教育是一个国家走向现代化、步入现代文明的必由之路，也是社会主义和谐社会建设的一项“基本工程”。由于公民教育的特殊性，公民教育的发展是与一个国家、地方社会经济的发展状况基本同步的。20 世纪 80 年代以来，随着改革开放的不断深入、民主法治建设的不断完善，我国中小学公民教育引起越来越多的关注，公民教育的理论研究和实践探索都取得了很大的进展。然而，由于地理区位、历史文化等因素的制约，和沿海发达地区相比，少数民族地区的经济社会发展总体上还比较落后，其教育发展水平相对滞后，公民教育也不例外。一些比较独特的民族其经济社会的发展更是面临特殊的困难，处于相对不利的境地。社会主义和谐社会的建设离不开少数民族地区的发展，少数民族地区的公民教育长期处于“洼地”，就会影响甚至严重制约社会主义和谐社会建设的进程。

为了加快少数民族地区经济社会的发展，我国提出了“一带一路”倡议。少数民族地区经济社会能否实现跨越式发展，能否步入现代文明，影响和制约的因素有很多，但其中起到决定性作用的因素之一就是公民素养的有效提升。因此，重视和加速公民教育的发展，对经济社会的发展具有显著的促进作用。从现实看，民族地区经济社会的快速发展，乃至于跨越式发展受到各界的重视，而民族地区的教育尤其是公民教育还没有引起足够的关注。公民教育的滞后，使公民对于自己应当获得的权利和应尽的义务还不十分清晰，直接影响了他们对民主政治和社会生活的参与，也制约了少数民族地区的经济社会发展水平。

民族地区的公民教育具有极其重要的意义，但是我们的研究起步较晚，还停留在零散的层次上，缺少对公民教育系统的、理论的和制度的研究，也缺少从时代角度对公民教育加以关照。民族地区中小学公民教育体系基本是照搬其他地区的模式，难以体现民族地区公民教育的民族性、特殊性，这就不可避免地出现一些问题：在教育目标方面，没有体现与汉族地区公民教育目标的差异；在公民教育的课程化方面，忽视民族传统文化建设，地方课程和校本课程还有很大潜力和空间亟待发掘；在教学方面，尽管有关双语教学的探讨已经很多，但是从公民教育的角度探讨双语教学的研究成果还不多。随着我国“一带一路”倡议的实施，少数民族地区迅速转变成为对外开放的前沿，少数民族地区的经济社会发展迎来了新的历史性的发展机遇。如何抓住新的发展机遇，客观上也要求我们重新审视少数民族地区公民教育发展的问题，使公民教育登上一个新的、更高的台阶。

（三）公民教育是处理民族问题的重要基石

公民教育是我国社会主义政治文明建设的一项长期任务，对于当前少数民族地区来说，公民教育也是处理民族问题的重要基石。通过实施公民教育，促使中小学生形成和强化民族认同、国家认同意识，已经成为当前我国促进民族团结、维护国家统一、社会和谐稳定发展的一项非常紧迫的任务。

无论是传统社会，还是现代世界，不管是发达国家，还是发展中国家，都在不同程度上面临着民族问题的困扰，特别要面对民族问题对国家统一与稳定的影响。妥善处理民族问题，已经成为世界各国共同的目标。

我国是一个统一的多民族国家。自古以来，各民族就共同生活在这片广袤的土地上，各民族文化之间碰撞、融合，互相取长补短，为中华民族多元文化的形成做出了自己的贡献。中华人民共和国成立以来，我国确立了民族平等和团结的政策，并在少数民族聚居地区实行民族区域自治制度，为民族和睦、共同发展奠定了坚实的基石。当前，在全国各界各族的共同努力下，我国各民族经济社会的发展呈现出较为理想的气象，著名学者费孝通先生称之为："各美其美，美人之美，美美与共，天下大同"。

事实表明，处理好民族问题，增强少数民族对国家和社会价值的认同，已经成为中央政府和全体公民都必须正视和密切关注且必须努力解决好的重大问题，关联到了中华民族最最核心的利益。[①]

民族问题的处理，需要我国政府和社会各族各界做出长期、艰苦的努力，而通过公民教育的实施，提升少数民族的公民素养，培养他们的民族认同和国家认同意识，毫无疑问是最根本、最有效的途径之一。相关公民教育的实施，可以从以下几方面着眼：（1）真实地叙述某个国家的多种族成分；（2）对国家的民族遗产感到自豪和骄傲；（3）对所有群体对国家的生活和文化所做出的贡献表示尊重；（4）用可接受的方式解决社会冲突，从而保持和谐的社会关系；（5）培养有关种族遗产的理智的自豪和骄傲；（6）理解国家的力量源于某种族遗产和文化起源的多样性。[②]

（四）公民教育已成为世界各国基础教育改革的一个重要趋势

公民教育研究在西方国家有着悠久的传统，古希腊时期的亚里士多德（Aristotle）、柏拉图（Plato）是公民教育研究的先驱者。古代的公民教育目的是维护国家和社会的稳定。18 世纪末到 19 世纪初，卢梭（Rousseau）、凯兴斯坦纳（Georg Kerschensteiner）等人提出了国家公民教育思想，倡导通过公民教育培养民族国家的合格成员，维护资本主义制度。从此，公民教育成为西方国家基础教育阶段的主要组成部分。新

① 马戎：《当前中国民族问题的症结与出路》，载《领导者》，2009（2）。

② 赵亚夫：《学会行动——社会科课程公民教育的理论与实践》，166 页，北京，高等教育出版社，2004。

世纪伊始，在全球化的大背景下，世界各国又掀起了一轮公民教育研究的热潮，取得了一定的成果。由于公民教育对于维持和促进民主社会的稳定和发展具有无可替代的重要意义，世界各国都把公民教育置于突出的位置。例如，1994 年，美国公民教育中心（CCE）制定了《公民与政府国家课程标准》，美国社会科协会（NCSS）编写了《社会科课程标准：卓越的期望》，这两个课程标准都是第一次在国家层面上出台的，表明了美国对公民教育的空前重视。1997 年，澳大利亚发布“发现民主计划”，标志着该国启动了有史以来规模最大的一项公民教育课程改革。1998 年，英国教育与就业部公民素质咨询小组提交了《学校中的公民教育和民主教学》的报告，建议从 2002 年起，把公民教育正式列为中学必修课。当前，公民教育已成为世界各国基础教育改革的一个重要趋势。

我国关于公民教育的理论研究和教育实践还处于起始阶段，我们积累的经验还不多，借鉴国外中小学公民教育的先进理念和成功经验，尤其是他们关于少数民族公民教育的理念、政策和实践，对我国民族地区公民教育具有重要的启示。（1）在公民教育理念方面，不同国家的公民教育各有特色，例如美国的“多元文化教育”，英国的“情感教育”，法国的“公民资格教育”，德国的“祖国知识和认同感教育”，日本的“忠君爱国思想教育”等。(2）在公民教育的普及方面，西方许多国家都把公民意识的培养作为核心内容，即公民对自己在国家政治和法律生活中的地位的认识，在情感上对于所属国家和所属民族的认同，在认知上对其自身公民所承担的责任、所享有的权利的了解。总之，公民教育是不同民族、不同宗教信仰的公民个体都应享有的教育，是贯穿于人生历程的终身教育过程。（3）在公民教育实施方面，这些国家基本上都建立了自己的公民教育体系，有效实现了公民教育目标明确，教育内容相互衔接，教育手段多样化，并渗透在道德教育和其他相关的课程中，从而避免了不同学段之间、不同科目之间内容重复、目标不明和层次不清的现象。在新的时代背景下，汲取世界各国中小学公民教育新的理念和成功经验，以弘扬民族精神和爱国主义精神为重点开展公民教育，有助于找到适合我国国情的中小学公民教育模式。

二、民族地区中小学公民教育的原则

（一）方向性与现实性结合

世界各国基础教育的使命是为国家培育“合格公民”。由于社会制度的不同，各个国家的公民教育必然具有不同的性质和要求。我国是社会主义国家，我们公民教育的目标是培养社会主义合格公民，这就决定了我国公民教育的性质不同于资本主义国家的公民教育。因此，我们必须从马克思主义的基本立场和观点出发，坚持社会主义方向性的要求，研究制定具有中国特色的公民教育目标、内容和实施途径。然而，由于各种复杂的原因，我国中小学多年来的办学思想及其课程设计缺乏鲜明的“公民教育”观念，教育的成效往往出现较大的落差。同西方发达国家相比，我们的公民意识还不强，尤其是缺乏主体意识，中小学公民教育还存在不少薄弱环节，这一问题已经成为制约我国基础教育改革的“瓶颈”。基于以上公民教育的现状，振兴我国公民教育势在必行。2017 年，中共十九大报告提出：“深入实施公民道德建设工程，推进社会公德、职业道德、家庭美德、个人品德建设，激励人们向上向善、孝老爱亲，忠于祖国、忠于人民。”新的理论突破，指明了我国新的历史时期公民教育的发展路向。

任何一个社会要想生存和发展，要想维持稳定，除了法律约束之外，很重要的一点就是必须把这个社会的价值观内化到社会成员的思想中，向公民传播占主导地位的社会意识形态和价值观念一直是各国公民教育的重要任务。在我国，社会主义核心价值体系是社会主义意识形态的本质表现，我国公民社会的构建离不开社会主义核心价值体系的引领、调控和规范。因此，我国大力提倡和发展公民教育，一方面，必须以社会主义核心价值体系为引领，并将它融入中小学公民教育的基本理念、课程内容、课堂教学和社会实践之中，为社会主义和谐社会的建设塑造合格公民，这是我国公民教育必须坚持的政治方向和指导思想；另一方面，在具体操作上要考虑到我国公民教育相对滞后的现实性，立足于我国的现实国情，重视从基础抓起，扎扎实实，借鉴西方发达国家公民教育成熟的经验，逐步赶上并超过发达国家的教育水平。

（二）一般性与特殊性统一

民族教育在中国一直被理解为一种特殊的事业，其特殊性主要是由民族的特点与民族地区的特点两方面来决定的。民族的语言、文化、宗教、传统教育形式、历史、哲学、价值观等均会影响到民族教育的内容与组织形式；民族地区的生产生活方式、居住特点、人口密度等特点都会影响到民族教育的规模、质量、投资、效益与效率等，由此而产生民族教育发展的特殊性。民族教育是民族地区的教育，中国实行的是民族区域自治政策，因此民族教育可以理解为民族自治权的重要组成部分，其办学自主权属于国家与民族自治政府两级，国家要把民族教育事业作为国家教育事业的有机组成部分，从国家政府的角度对民族教育的发展制定与国家其他地区相一致的政策，同时考虑到民族教育的特点而制定相关的特殊政策。民族自治政府要把民族教育事业作为本民族自治权利的有机组成部分，制定本民族教育发展的政策、建立本民族教育的制度与学校教育体系，充分体现本民族对人才的需要与本民族成员教育的需求。[1]

---

① 王鉴、万明钢：《多元文化教育比较研究》，71页，北京，民族出版社，2006。

在少数民族地区中小学实施公民教育，必须做到一般性与特殊性统一。所谓的一般性，指的是公民教育的共性要求，无论是在少数民族地区，还是在非少数民族地区，这些公民教育的要求和内容都是必不可少的。所谓的特殊性，指的由于在经济社会发展、文化历史等方面与其他民族存在一定差异，少数民族对自身的历史文化有较强的认同。此外，许多少数民族信仰宗教，一些民族还是跨国界民族，这些因素都大大增加了其教育的复杂程度。所以，应该允许民族地区与汉族地区实行的公民教育有所区别，有所侧重，不宜“一刀切”“齐步走”，以符合少数民族地区中小学公民教育的独特要求。① 因此，如何积极有效地处理少数民族公民身份与民族身份的内在关系，在实现其民族认同的同时，培养尊重文化差异、具有跨文化交流知识、态度和技能的公民，实现公民民族认同与国家认同相统一，是少数民族公民教育的一项特殊任务。② 总之，少数民族的公民教育与国家总体的公民教育相比，其内容更为丰富，形式更为多样，所要做的工作也更多。

（三）知行统一

认识是行动的先导，没有正确的理论指导，就不会有正确的行动。知行统一是教育的最高境界，也是中小学公民教育的基本诉求。因此，公民教育必须首先培养公民的意识，以指导学生产生正确的行动，即合乎公民要求的言行举止，防止盲目行动的产生和错误行为的出现。然而，无论教育工作者主观上如何努力，课堂上的知识教育与社会实践之间往往并不合辙，两者的有效对接必须加强实际公民行为的训练，使学

---

① 张英魁：《多元文化教育视角下的少数民族公民教育》，载《广西民族研究》，2005（1），24～25页。

② 周莹洁、朱军：《多元文化教育对中国少数民族公民教育的启示》，载《贵州民族研究》，2009（5），114～116页。

生在活动和交往中不断巩固和加强公民观念。只有这样才能培养积极的、有行动能力的公民，有效地提升中小学生的公民素养，真正做到知行统一。

为了实现知行统一的原则，首先，要构建公民教育的独特知识体系，形成公民教育的理论根基。学生通过学习获得有用的知识，是公民教育取得成效的必要条件。世界上重视公民教育的国家都花力气建设公民教育的教材，其中典型的教材有英国中小学的《起始线》和《生命线》、美国的《公民学》、新加坡的《好公民》等。尽管随着社会的发展变化，各国的公民教育内容有了较大的调整，增加了大量感情性素材和引人思考的现实问题资料，但都保持系统的知识体系。其次，要提供学生参与校内外公民生活的机会。公民教育的宗旨是培养公民直接参与社会民主政治生活的水平与能力，而这些能力的养成绝不是纸上谈兵所能解决的。因此，在实施公民教育时，必须联系学生的生活实际。学校应当是“民主实践的典范”。教师在说明和阐述概念或理论的时候，一定要联系学生的生活经历、当前可感受到的社会问题。在施教方式上注意理论联系实际，提供机会让学生参与到具体的社会活动或模拟的社会过程中，例如，对时事的辩论，模拟审判和辩护，模拟讨论平等问题，以及对商品和服务分配、国际和平和环境问题等的探讨。理想的学校公民教育模式，应当让课堂成为学生探讨社会问题的场所，让学校成为学生参与社会生活的重要平台。此外，在校外的真实公民社会中，更是学生参与公民生活的重要途径。

（四）他律与自律结合

早在20世纪30年代，瑞士著名心理学家皮亚杰（Jean Piaget）就对儿童的道德判断进行了系统研究，他认为儿童的道德发展大致上经历了他律道德阶段和自律道德阶段两个阶段。皮亚杰的道德发展阶段论为中小学公民教育的实施奠定了坚实的理论基础。人的行为约束能力的发展过程是无律—他律—自律的变化过程，即从自然状态经社会状态再到自律状态。这里所谓的自然状态就是无律状态，个体受本能冲动和欲望的驱使，除了“强力”之外，不受任何约束；社会状态就是他律状态，个体此时受习俗、法律制度等外在因素的制约与强制，此时的个体不得不压抑利己的冲动和欲望。而自律状态下的人，是一个完全自由的存在，他或她不受外在法则的约束，而是受内心法则即良心的指引，自觉地采取正确的行动，这就是自律的境界。

自律是公民教育的最高境界。当然，自律的形成也不是一蹴而就的，必须经由一个他律的阶段，所以我们强调实施公民教育要坚持他律与自律相结合的原则。具体要求有下述几个方面：第一，严格要求学生，对学生提出行为规范方面的要求并进行一定程度的监督，使学生认识到来自团体规定的约束，并通过教师的严格要求与教师的权威，体现这些约束的不可违抗性。第二，充分发挥学生的主体作用，提高他们的自我教育意识，帮助学生形成“内在的约束力”。第三，在实际操作中，注意他律与自律的有机结合。教育者既要坚持他律的要求，又要防止单纯的强制与约束，在充分尊重学生主体性的基础上，促使他们朝着自律的方向发展。

第三章　民族地区中小学公民教育体系构建

一、民族地区中小学公民教育目标

中小学公民教育的主要目的是培养作为民主国家和社会合格成员所必需的公民素养，因此，少数民族地区中小学公民教育的目标必然也是指向公民素养培养的，其基本目标主要包括：民族认同、国家认同与公民身份认同，社会基本价值观教育，形成公民权利和义务意识，学会行动。民族地区中小学公民教育目标的设计应该从整体性出发，处理好各个目标要素之间的协调关系，使之发挥更加强大的育人功能。

（一）民族认同、国家认同与公民身份认同

民族认同，也称为民族认同性、民族认同感、民族认同意识等。民族认同是一个复杂的结构，它不但包括个体对群体的归属感，而且还包括个体对自己所属群体的积极评价，以及个体对群体活动的卷入情况等。[①] 民族认同是公民教育的重要取向，也是公民科与人文学科之间划界的基本依据。从历史上看，19 世纪中叶，西方国家诞生的公民科与

---

① 王亚鹏：《藏族大学生的民族认同、文化适应与心理疏离感》，3 页，兰州，西北师范大学硕士学位论文，2002。

传统人文学科最大区别有二：在政治目标上凸显民族认同，针对民主制度对国民的具体要求，创设学习内容；在课程观念上强调时效性，针对近代社会巨变中产生的现实问题，创设学习情境和学习方式。[①] 所谓国家认同，指的是一个国家的公民对自己归属哪个国家的认知以及对这个国家的构成，如政治、文化、族群等要素的评价和情感。国家认同是族群认同和文化认同的升华。一般认为，在单一民族国家，民族认同往往是和国家认同重叠的、一致的，民族认同即意味着国家认同，反之亦然；在多民族国家，国家认同是比民族认同层级更高的认同，民族认同是国家认同的基础和前提，换一句话说，国家认同有赖于民族认同的形成。

公民身份指的是个人和国家之间的关系，是对个体融入政治体系的一种官方认同。[②] 加拿大政治哲学家金里卡（Will Kymlicka）指出，公民身份一方面与个体的权利紧密相连，另一方面又与对某个社群的归属有密切的关系。由此可见，公民身份认同是公民对于自我身份的感知、理解和确认，以及公民对国家、民族和社会及其规范、制度、文化价值的赞同和情感态度。[③] 从其内涵来看，公民认同包括公民自我认同和公民社会认同。公民自我认同就是公民对自己公民身份的自我意识和自我确认，是公民内在价值选择和形成的过程；公民社会认同是公民在认识、情感和实践的基础上，公民与社会之间的同一状态。公民自我认同是公民社会认同的基础，反过来，公民社会认同有助于公民自我认同的形成。总之，有了公民身份的认同，才有公民素养的培育和提升，公民

---

① 赵亚夫：《学会行动——社会科课程公民教育的理论与实践》，3页，北京，高等教育出版社，2004。

② ［英］德里克·希特著，郭台辉、余慧元译：《公民身份：世界史、政治学与教育学中的公民理想》，349页，长春，吉林出版集团有限责任公司，2010。

③ 李冰：《当代中国政治社会化中的公民认同研究》，53页，北京，中国社会科学出版社，2013。

才能真正享有权利和义务，参与社会，并最终成为社会中的一员。

民族认同、国家认同与公民身份认同三者之间，一方面是相互影响、相互制约的关系；另一方面又反映了三种不同的认同水平，三者之间呈现出层层递进的关系。如前所述，国家认同是比民族认同层级更高的认同，民族认同是国家认同的基础和前提。从认同发展的历程来看，这两种形式的认同，是伴随着民族和国家的形成开始出现的，而公民身份认同是在当代公民社会真正形成以后才出现的。从公民认同发展的层级和水平来看，民族认同和国家认同最终指向的一定是公民身份认同，反过来，公民身份认同的形成也会有助于民族认同和国家认同的形成。由此可见，通过实施公民教育，要将对本民族的认同意识与公民身份认同以及国家认同三个维度协调、统一起来，不仅有效激发各民族的国家认同感，而且也有利于保留少数民族的传统历史文化不致断裂与消失。有利于社会稳定、国家统一，有利于增强中华民族凝聚力。[①]

从一个国家的教育来看，民族认同、国家认同与公民身份认同对青少年的成长和公民教育具有重要意义。

其一，有助于弘扬民族精神，增强民族团结和凝聚力，促进各民族和睦相处与共同繁荣。首先，各个民族在其长期发展演变的历史长河中，形成了特有的民族共同特征，它促使民族内部具有向心力、凝聚力和互助性，对本民族身份与文化的认同是各个民族及其文化自身生存、传承与发展的需要。其次，理解与尊重其他民族的文化，必将有利于促进整个中华民族的团结一致、独立发展，以及提供国家实现真正统一的强大精神动力。因而，在少数民族聚居地区，公民教育的首要目标就在于培养忠诚祖国，具备本民族认同意识，能够继承优秀民族文化传统，并能够从世界高度审视、理解中华民族的民族性和民族文化的公民。

---

① 莫红梅：《多民族国家视域下的公民身份与国家认同》，载《教学与研究》，2010（9），27～30页。

其二，有助于继承与发展各个民族的优秀传统文化，促进我国各民族文化的多元化发展。在经济与文化全球化的大背景下，文化的多元化发展已成为一个世界趋势。我国是多民族的国家，一部中国历史的发展过程，就是各民族文化互相碰撞、融为一体的生动画卷。多元文化的观念，就像爱国主义思想和民主意识一样，都需要对学生进行启蒙和教育。“在当前这个多元化社会发展趋势日益明显的世界中，对世界上众多文化及其发展历程的了解，有助于培养学生对文化差异的理解、尊重，以及共生共存的公民素养。”①

其三，有助于培养少数民族地区社会发展所需要的合格公民，推进少数民族地区的民主与法制建设，加快少数民族地区经济、社会与文化的发展。由于历史、文化等复杂的原因，我国少数民族主要居住在远离大城市的偏远山区或村落，交通不便，消息闭塞，经济社会发展水平相对较为落后。改革开放以来，少数民族地区的发展明显加速，但和整个国家尤其是沿海开放地区的飞速发展相比还是相对滞后的，如何实现少数民族地区经济社会的跨越式发展，成为我国当前转型时期的主要矛盾和突出问题。民族认同、国家认同与公民身份认同目标的提出，有助于培养少数民族地区社会发展所需要的合格公民，从而加快少数民族地区经济、社会与文化的发展。

（二）社会价值观教育

所谓的社会价值观，指的是维持一个社会的公共生活所必需的一套共识性的价值观念。社会价值观可以引导公民的价值判断、价值倾向和价值选择，促使公民的行为模式趋向合理和优化，从而形成一种巨大的社会凝聚力。正是因为如此，世界各国都极其重视社会价值观教育。以

① 李稚勇：《社会科教育概论》，320页，北京，高等教育出版社，2005。

新加坡教育部颁布的中学《公民与道德教育大纲》为例，该大纲规定，为了培养具有共同价值观的新加坡公民，中学的公民道德教育必须注重公民知识、公民技能、公民态度三方面的教育，促使学生的行为符合业已形成的价值观。中学“公民与道德”课程主要包括国家建设、各民族之间共同价值观的认识以及新加坡各宗教与种族的信仰与风俗等。

社会价值观教育是关系到培养怎样的人、倡导怎样的社会风气的大事。由于当代社会发展日益呈现多元化的趋势，社会价值观的多元化也不可避免。当前，随着我国的社会发展进入转型时期，特别是出现了种种前所未有的社会问题，如贫富差距扩大、社会道德滑坡、信仰缺失等，人们的价值观也出现了多元化的态势，甚至价值观陷入混乱。在这种情况下，确立正确的社会价值观尤为重要。党的十八大提出，倡导富强、民主、文明、和谐，倡导自由、平等、公正、法治，倡导爱国、敬业、诚信、友善，积极培育和践行社会主义核心价值观。富强、民主、文明、和谐是国家层面的价值目标，自由、平等、公正、法治是社会层面的价值取向，爱国、敬业、诚信、友善是公民个人层面的价值准则，这 24 个字是社会主义核心价值体系的基本内容。党的十九大进一步提出，坚持社会主义核心价值体系。文化自信是一个国家、一个民族发展中更基本、更深沉、更持久的力量。必须坚持马克思主义，牢固树立共产主义远大理想和中国特色社会主义共同理想，培育和践行社会主义核心价值观，不断增强意识形态领域主导权和话语权，推动中华优秀传统文化创造性转化、创新性发展，继承革命文化，发展社会主义先进文化，不忘本来、吸收外来、面向未来，更好构筑中国精神、中国价值、中国力量，为人民提供精神指引。作为中国共产党在新时期推进马克思主义中国化的最新理论成果，社会主义核心价值体系是社会主义意识形态的本质表现，它客观反映了当代中国国情，对构建我国的公民社会发挥着极其重要的引领、调控和规范功能。[①] 因此，大力提倡和发展公民教育，必须以社会主义核心价值体系为引领，使之在公民人格塑造中居于主导地位。

社会价值观教育具有重要意义。（1）社会价值观为人们的价值观起着整体的定向作用。它可以为人们的价值选择指明方向、标明目的，引导人们的行为活动趋向最佳选择。当这种价值导向成为全体社会成员的共同意识时，众多的行为个体就会自觉地把自己的选择与社会的总目标联系起来。（2）社会价值观具有凝聚作用。由于价值主体、评价标准的不一，个体自由的价值选择容易形成多元分散的价值观念，很难形成一个共同的社会价值目标。社会价值观有助于社会成员形成一致的认识和共同的追求，可以把社会成员有效地团结在社会崇高道义和共同利益的旗帜下，从而形成一种巨大的社会凝聚力、向心力。（3）信念和态度影响人的行为及生活方式，价值观是构筑态度和信念的基础。因此，为了使个体能够成长为积极、负责任及能为社会做出贡献的公民，必须首先考虑使其接受一定的社会价值观。但是，这种接受应该是理性的思考和批判地接受，因为公民在接受社会价值观的时候不是一个被动的服从者，而是一个积极的、理智的、具有批判能力的主体。

在基础教育领域，中小学公民教育主张的社会价值观主要包括：主体意识、道德价值观、民主意识、性别平等、家庭观念、世界和平、全球意识、生态保护等。作为国家未来的公民，中小学生必须具备批判的意识，了解并遵守基本的社会规则，有选择地接受有益于自身和社会发展的价值观。在我国少数民族聚居地区，中小学公民教育还涉及如何根据时代发展的要求，对少数民族传统的社会价值观进行“取舍”“扬弃”的问题。

---

① 夏东民、陆树程：《论社会主义核心价值体系的当代价值》，载《南京林业大学学报》（人文社会科学版），2007（3），28 页。

（三）形成公民权利和义务意识

公民具有公民意识，才是真正意义上的公民。权利意识是现代公民意识的核心。公民权利是公民作为国家和社会的主人的具体体现：它是公民享有独立人格、自由意志和平等地位的保障；是公民参与社会生活，取得并维护本人各种权益的根据；也是公民谋求全面发展、实现自身价值的重要条件。①

《中华人民共和国宪法》第三十三条明文规定：“凡具有中华人民共和国国籍的人都是中华人民共和国公民。”“任何公民享有宪法和法律规定的权利，同时必须履行宪法和法律规定的义务。”这一条规定明确指出具备我国国籍是成为我国公民的唯一条件，不存在年龄、民族、种族、居住期等限制。而且，公民的权利和义务是辨证的统一体，没有权利，就无所谓义务；没有义务，就不能享有权利。公民教育也应当包括相应的两个方面：公民的权利教育和义务教育。因此，要培养适应现代社会发展所需要的公民素养，必须根据权利与义务平衡的原则，人力培育公民的权利主体意识及其捍卫自身权利的能力，以及勇于承担责任的意识和能力。由此可见，我国公民教育的目标应该立足于提高中小学生的公民素养，以促进公民的社会性发展、福利意识和社会责任感。

（四）学会行动

公民教育是民主政治发展到一定阶段的产物。公民教育不仅要培养人们的公民意识，还要培养人们的参与能力。亚里士多德（Aristotle）认为：“单纯意义上的公民就是参与法庭审判和行政统治的人，除此以

① 焦国成主编：《公民道德论》，59页，北京，人民出版社，2004。

外没有任何其他要求。”① 可见，古希腊时期的公民就是积极的公民，是主动参与城邦政治生活的人。公民的意义是积极地“做公民”，而不是消极地“是公民”。“做公民”就是学生清晰地了解自己的社会角色、责任和价值的过程。所以没有参与，也就没有公民。“学会行动”即培养学生主动参与公民社会的意识和能力。提高公民的行动能力，不仅是现代学校课程文化的重要组成部分，更是保障公民个人信仰、增进个人幸福的必要前提。因此，一切人文社会科学知识，一切学习指导方式，一切用于教学过程的评价手段，都需要以提升学生的自主学习能力、发展学生的行动能力为目的。② 可以说，没有良好的公民行动能力，公民的知识、技能和价值观就会被架空。因而，只有将“学会行动”作为公民教育的核心任务，我们才能在课程目标中，将知识与理解、技能与能力、情感态度与价值观统整起来，并将它们实际运用于公民行为的养成教育，“课程的有效性”“学生的发展性”才得以显现。

在公民教育的实践中，培养参与型公民已经成为世界各国公民教育目标的共同指向。以美国社会科协会 1994 年推出的《社会科课程标准：卓越的期望》为例，该课程标准明确提出了“公民参与和政治参与能力”，主要包括“确定一定场合中符合社会要求的行为；独立地或与他人合作来决定行动方针；对有社会地位的人施加影响以扩大自由、社会公正与人权；认可并履行作为自由社会中公民的社会责任。”③我国新课改推出的综合型公民教育课程《历史与社会》也十分重视社会实践活动，《历史与社会》课程标准强调与社会生活的密切联系，注重学生的

---

① ［古希腊］亚里士多德，苗力田主编：《亚里士多德全集》（第 9 卷），74 页，北京，中国人民大学出版社，1997。

② 赵亚夫：《学会行动——社会科课程公民教育的理论与实践》，6 页，北京，高等教育出版社，2004。

③ National Council for the Social Studies. *Curriculum Standards for Social Studies*：*Expectations for Excellence*. Maryland：NCSS，2001. 149.

主动学习，提倡体验、探究、参与、合作、讨论、调查、社会实践等多种学习方式，促进学生社会实践能力的发展；[①] 以培养学生认识社会、适应社会、参与社会和改造社会的能力作为一以贯之的目标。[②] 总之，积极主动的参与能力是公民资格的一个重要维度，也是现代公民教育的基本目标之一。在我国，民族区域自治制度是我国政治制度的基石，它不仅为实现各民族平等的民族政策提供了有力保障，而且为我国少数民族地区中小学生的公民参与提供了基本依据。

二、民族地区中小学公民教育内容

（一）民族地区中小学公民教育内容选择的基本要求

少数民族地区中小学公民教育的内容选择，必须要体现并符合教育的根本任务和目的的要求，这是最基本要求，也是最重要的原则。少数民族地区中小学公民教育，不仅要考虑目的与目标问题，还要思考自身的内容维度。因此，少数民族地区中小学公民教育的内容选择还应考虑以下三点要求：第一，要明确确定少数民族地区中小学公民教育内容的基本依据；第二，要明确少数民族地区中小学公民教育的共性内容与特性内容；第三，要与时俱进，依据时空、社会环境和公民的实际情况确定少数民族地区中小学公民教育的具体内容。

确定公民教育内容的依据主要有两个方面：一是依据国家或社会对合格公民的要求，全面提高公民素养的整体水平，也就是使公民做到：尊重和实践人类社会的普遍行为规范，尊重和实践现代社会以平等为基

① 中华人民共和国教育部制订：《历史与社会课程标准（一）》（实验稿），2页，北京，北京师范大学出版社，2001。

② 中华人民共和国教育部制订：《历史与社会课程标准（二）》（实验稿），3页，北京，北京师范大学出版社，2001。

础的各种规范，即适应市场经济生活的各种社会规范，努力学习和实践社会主义的规范。二是遵循中小学生的身心发展需要。公民教育旨在培养适应社会生活的良好公民，也就是使未成熟的社会成员养成良好的社会生活习惯，包括行为习惯和心理倾向。这就存在着一个受教育者把外在的要求内化为自身需要的过程，这其中的直接影响因素是受教育者的心理发展规律。因此，学校的公民教育只有遵循中小学生认知发展规律和年龄特征，使教育内容的深度和广度与学生心理的“最近发展区”相一致，才能有助于中小学生的成长。

少数民族地区公民教育的共性内容，指的是无论是在少数民族地区，还是在非少数民族地区，这些公民教育的内容都是必不可少的；少数民族地区公民教育的特性内容，指的是少数民族公民教育与非少数民族公民教育因其受教主体的历史、文化等诸多方面的不同，应该允许与经济发达地区实行的公民教育有所区别，有所侧重，不宜“一刀切”“齐步走”，以符合少数民族地区中小学公民教育的独特要求。只有帮助少数民族学生培养多元文化意识和批判能力，认识现代中国社会民族、地域、文化等差异存在的现实，并在此基础上培养少数民族具备现代公民应有的多元文化态度和素养，才能使多民族的中国公民教育质量得以提升。[①]

有学者指出，中国少数民族公民教育应有公民知识、公民技能、公民品行三个基本内容，此外，还应实行双语教育，这是开展少数民族公民教育的基础；开设适合民族地区的公民教育课程；进行民族认同和国家认同教育。[②] 还有学者指出，提高少数民族公民意识，应在当前的政

① 张英魁：《多元文化教育视角下的少数民族公民教育》，载《广西民族研究》，2005（1），24～25页。

② 周莹洁、朱军：《多元文化教育对中国少数民族公民教育的启示》，载《贵州民族研究》，2009（5），114～116页。

治制度下，以社会主义核心价值体系引领少数民族地区的公民教育，注重少数民族地区的民主、法治建设，创新教育手段、丰富教育内容，营造民族内涵丰富的公民文化等，加强少数民族公民教育，大力发展民族地区经济社会事业，加强民族团结宣传教育，从而形成一系列完备的生成机制。①

综观学校公民教育的内容，大致可分为两部分：一是基本的、相对稳定的内容，指形成公民基本素养的公民道德教育、政治教育、法制教育、经济教育、思想教育等；二是顺应时代发展的趋势增添的新内容，如环境教育、青春期教育、心理健康教育、网络教育、国际教育等，这部分内容的变化程度取决于社会发展对公民素养提出的新要求，具有很大的灵活性。由此可见，公民教育的内容是一个不断从抽象到具体的发展变化过程，必须紧随时代变化，紧扣时代脉搏，不断变化、扩充、发展。就整个公民教育内容维度来说，应具有真理性、先进性和创新性。如果把公民教育的内容局限在一定范围内，缺乏时代感，就会削弱公民教育的生命力，最终公民教育的有效性也会大打折扣。

（二）民族地区中小学公民教育内容

少数民族地区中小学公民教育的内容选择应当是十分广泛的，以下我们主要从公民教育共性内容和特性内容的视角加以分析，以揭示其基本框架。从不同学段和课程在学生知识、态度（情感、意识）、行为和技能四个方面的影响来看，少数民族地区中小学公民教育的内容具有以下几个不同层次。②

---

① 杨晓军、周丽红、黄激崴：《少数民族地区公民教育的未来预期》，载《理论界》，2010（5），173页。

② 蓝维等：《公民教育：理论、历史与实践探索》，420～421页，北京，人民出版社，2003。

从知识的角度看：主要指公民知识，即作为公民应该具备的政治、经济、法律、伦理道德和社会生活交往方面的基本知识。这些知识是形成公民意识、养成公民良好品质和行为习惯的基础，通过这些知识的学习，中小学生不仅应具有公民一般的情感和意识，还要弄清其所以然，要从一定的理论高度把握公民与国家、个人与社会的关系，明确公民的权利与义务，这样才能形成独立辨别是非的能力，而不会导致盲从。

从态度的角度看：主要是指爱国情感、公民情感和公民意识，公民情感是公民在实现与履行自己的权利和义务时所产生的情绪体验，如尊严感、权利感、参与感、义务感、正义感、责任感、同情心和良心等；公民意识又包括社会主体意识，即意识到公民对国家和社会具有不可剥夺的权利与不可推卸的责任；公民意识还包括权利和义务意识，即懂得公民不尽义务的权利是一种特权，而不享有权利的义务必然会导致盲从和被奴役。另外，公民意识还包括民主意识、法制意识、道德意识、环保意识等。

从行为的角度看：主要指公民行为，即公民符合法律和道德规范的行为，包括公民对政府工作的关注和监督行为、积极参与民主事务的行为、运用法律维护公民权益的行为、扶助贫幼的行为，等等。公民的行为习惯是公民意识的外部表现，是衡量公民性质和水平的根本标志。

从能力角度看：包括认识能力、分析能力、独立思考的能力、辨别是非善恶美丑的能力、关注和参与社会活动的能力等。

以上公民教育的内容具有“共性”的特点，无论是在少数民族地区，还是在非少数民族地区，这些公民教育的内容都是必不可少的。除此之外，少数民族地区中小学公民教育还有一些内容具有自身特性甚至是独有的，主要包括以下内容：

1. 民汉双语教育

在我国少数民族地区，民汉双语教育指的是以少数民族学生为教育对象，使用其本民族语言和汉语两种语言实施教育的一种独特方式。双语教育的实施，不但可以培养双语人才，满足国家、地方和学生未来发展的需要，而且对于培育民族认同与国家认同意识、促进各民族和睦相处、构建社会主义和谐社会都具有重要的意义。

目前，我国各民族不同程度地使用着 80 多种语言、近 40 种文字，大部分少数民族地区都不同程度地实施了双语教育。国家对少数民族双语教育十分重视，出台了多项针对性的政策，取得了令人瞩目的成就。进入 21 世纪，为了深入推进民族地区双语教育的改革和发展，培养学生发展所需的各类核心素养，相关专家提出以下几点想法和建议：

（1）鼓励民汉合校，构建开放的双语教育体系

独立建制的少数民族学校，学校文化单一，语言环境单一，缺少国家通用语学习的良好语言环境，不利于学生跨文化适应能力的培养。而且，同一地区内少数民族中小学由于师资水平、双语学习任务等多方面的原因，教育质量普遍低于普通中小学。由此，少数民族中小学会给社会公众形成“质量差”的印象，会挫伤学生和家长接受教育的积极性。更为重要的是，独立建制的少数民族学校，突出了少数民族学生与汉族学生的差异，强化了少数民族学生身份和民族认同。学生单一身份或单一群体归属体验，不利于国家认同和公民身份认同的形成。

由此，在多民族杂居地区，在母语和国家通用语均为社会交往语言的地区，应该逐步实施少数民族与汉族合校、合班。民汉合校、合班为学生提供了良好的国家通用语学习的语言环境以及多重身份和多重认同的体验。不同民族学生的直接接触，有利于促进民族之间的交流、了解和理解，能够使民族团结教育落到实处。

（2）建立多元选择的双语教育模式

《教育规划纲要》明确规定，尊重少数民族学生的意愿和选择，并满足他们的意愿和选择是双语教育的出发点。任何一个民族和个体，都

会视自己的母语为重要的文化表征，产生强烈的认同和情感依恋，特别是当母语的社会功能日渐式微时，认同和依恋就会更加强烈。因此，各级政府和学校在制定双语教育规划时，要广泛征求当事人的意见，理解和尊重他们的态度和意见，这是双语教育成功的基础。

少数民族学生的双语态度、学习的选择意愿是复杂的、多元的。学校应该在尊重学生选择意愿的基础上，提供多元化双语教育模式，满足学生多元化的学习需求。在民汉合校的学校中，可施行民汉分班、民汉混班、学生分层走班的双语教育模式，学校为学生提供不同组合的双语学习课程供学生选择。学校也应该鼓励汉族学生选修少数民族文化、艺术、习俗或语言的课程。

（3）制定双语课程标准，丰富双语课程资源

双语课程标准要围绕基础教育阶段的培养目标，规定双语课程与公民素养培养基本要求的关系，使培养目标具体化和可操作化。双语课程的内容标准要强调少数民族母语课程内容与少数民族文化的高度一致，切忌过去长期存在的母语课程的内容从汉语课程翻译的现象，突出母语在本土文化社会中应用能力的培养。双语课程标准还要充分考虑少数民族学生母语和汉语学习中不同双语教育模式中的语言水平要求，在考试评价上也要有所不同。

为了保证双语教育的有效实施，国家及地方的相关部门应采取有力措施，加强双语教材建设。首先，切实保证必要的教材建设经费。其次，各地组建一支高素质、多成分的教材编写队伍。再次，建立相应的教材出版发行与管理机构，进一步加强非文字的多媒体教材的建设，使教材具有广泛的选择性和适应性。最后，丰富双语课程资源。师生不同的经历、生活经验、学习方式、教学策略、图书资料和校内各种活动都是重要的课程资源。校外课程资源包括乡土资源、社区和家庭资源等。

（4）改进教学方法和手段，实现双语教育现代化

双语教育的复杂性和长期性决定了仅靠传统的手段与方法很难发挥其时代功能而得以有效发展，加速实现双语教育手段与方法的现代化势在必行。双语教育是一项系统工程，其手段与方法的现代化会涉及方方面面的问题，不可能一蹴而就，需要各民族地区转变等、靠、要的思想观念，合理利用已有条件和资源，积极发掘地方财源，筹集资金，以长远目光实行倾斜性投资，积极创造条件，加大设施建设与人员培训的力度，同时针对民族语言文化特征和地区教育教学需求，引进现代化手段，在教学中运用诸如投影仪、语音校正器等教学仪器，开发和制作双语学习软件。另外，还需要依靠教育主管部门的规划与投入，在民族地区建立远程网络，逐步实现远程双语教育。①

2. 民族文化传承教育

在中国少数民族地区进行的公民教育实践说明，教育必须紧密结合少数民族传统文化精髓才会产生实效。有学者指出，现代民主素质教育作为公民教育的核心内容，要求少数民族中小学生要对国家的政治结构、体制和国家政府的职能有所了解，培养公民政治生活的习惯和立足于本民族文化传统的技能。把符合民主制度原则的道德标准与本民族文化的地方资源有机整合，在本民族文化传统的因素里，注入民主制度原则的因素，使民族性格得以提升和完善，使之与符合现代民主要求的政治人格取向一致。② 可见，民族情感的激发与民族文化的归属意识，是少数民族学生萌发公民意识的基础，也是学生形成正确的民族和国家认同意识的关键。为了深入推进我国少数民族地区基础教育课程改革中的

① 万明钢、刘海健：《论我国少数民族双语教育——从政策法规体系建构到教育教学模式变革》，载《教育研究》，2012（8），85～87页。

② 张英魁：《多元文化教育视角下的少数民族公民教育》，载《广西民族研究》，2005（1），24～25页。

民族文化传承，我们提出以下几点思考：[①]

（1）重构课程文化观

民族基础教育不但要考虑主体民族为主的统一国家的发展和需要，同时还要体现各少数民族特色、适应各少数民族的文化环境和发展需要。我国拥有悠久的民族发展历史和灿烂的民族文化，不仅有丰富的民间文学，如民间传说、故事、妙趣横生的笑话和富有哲理的寓言、童话、儿歌、俚谚、传统歌谣，而且还有独特的民族风情，影响深远的民族人物以及自然和人文景观，等等。这些都蕴涵着独特的价值和丰富的内涵，可以发掘出丰富的生命教育、环境教育、人与自然和谐共生等教育主题。面对如此丰富、形式多样的民族文化课程资源，必须有所选择，将民族文化中最有价值最精华的部分筛选出来，构成学校的课程内容。

重构课程文化观应处理好以下几个问题：一是课程文化应当由真实世界中具有个人和社会意义的问题组成，例如文化差异、种族、语言等问题；二是设计与组织有关的学习经验，考虑学生不同的文化背景，以统整的脉络，组织学生的知识；三是知识的发展和应用要能诠释现实生活与世界的现象，作为行动的参考，而非准备考试或测验；四是课程文化统整的重点要置于与文化知识应用有关的内容和活动中，使学生的课程经验统整至特有的意义架构中，并能亲身体验解决问题的方法；五是学生能实际参与课程的设计，自己建构问题，并关心问题、解决问题，这也是一种民主的教育历程。

（2）新课程目标与少数民族文化传承

我国当前实施和推进新课程改革，已经开始强调培养学生的知识与能力、过程与方法、情感态度与价值观，为少数民族文化传承提供了

---

① 任京民：《民族地区基础教育课程改革探索》，175～180 页，昆明，云南大学出版社，2016。

契机。

首先，新课程的知识与技能目标对于本土知识的挖掘是十分重要的。本土知识即一个民族在自己的生存、延续和发展过程中所形成的、具有自己独特内容与形式的知识体系。本土知识的挖掘给少数民族学生提供了系统学习本民族知识文化的机会，可以培养学生对本民族知识文化的认同，获得理解民族知识所必需的基本技能。

其次，在教学活动中，少数民族学生在文化、语言、宗教信仰等方面与汉族学生的差异，应该引起学校教师足够的重视，教师必须在教学心理、教学方法等方面考虑少数民族学生的这些差异和文化特点。

最后，新课程对情感态度与价值观目标予以高度重视，以激发学生关注本民族所在的区域文化和中华文明的发展历程，树立为本民族发展而奋斗的志向，同时培育学生对我国多民族文化、语言群体的理解与接受，承认文化的丰富性和多元性，消除歧视与偏见，形成民族认同感和归属感。

（3）新课程体系与少数民族文化传承

过去，我国一直实行的是国家统一的课程计划，在国家课程计划、教学大纲、教材中，不同程度地反映一些少数民族文化内容，但是非常有限的。新一轮课程改革，实行国家课程、地方课程和学校课程等三级课程体系，为少数民族文化传承提供了更广阔的课程文化空间和制度保障。尽管通过国家课程与教材传承少数民族文化非常有限，但我们仍认为，国家课程与教材担负着重要的任务和使命。第一，要尊重少数民族的文化传统与习俗，在课程目标和内容中要尽可能反映出民族文化的个性，确立民族文化的合法地位。第二，要加强各民族文化的交流和融合。在课程内容中反映中国文化的共同规范（如中国的政治制度、法律、经济特征、汉语等），应传授我国所有民族所共享的普遍文化（如各类自然科学与社会科学知识等），与此同时，还要反映民族文化的特殊性和精华（如文学、艺术等），以有助于民族文化素养的充分发展。

（4）新课程实施与少数民族文化传承

在新课程实施中践行少数民族文化传承。首先，新课程实施上要体现民族文化个性，发展和提升少数民族的文化个性。民族教育课程改革必须结合并适应不同民族社会的特殊性，采取有效的战略和措施完善民族教育课程体系，全面达成民族教育课程改革与民族社会文化发展特点的最优结合。其次，通过地方课程和教材来传承少数民族文化。打破我国课程文化建设中单一国家课程的开发模式，在保持必要张力的原则下，尝试地方课程的模式，通过多种途径将地方课程与教材和国家课程与教材有机结合。最后，通过校本课程来传承少数民族优秀文化。少数民族文化的传承还要将校本课程开发作为一种渠道，各民族的本土文化和民族知识通过地方课程与教材可以不同程度地体现出来。

3. 民族团结教育

我国是各族人民共同缔造的统一的多民族国家，公民教育和民族团结教育具有内在的、紧密的联系，少数民族地区中小学实施公民教育必须大力加强学校的民族团结教育工作。我国2008年颁行的《学校民族团结教育指导纲要（试行）》指出：培养各族学生的民族团结意识，提高各族学生维护祖国统一、民族团结、反对分裂的自觉性，增强各民族的向心力和凝聚力，是关系中华民族伟大复兴的战略任务，是巩固和发展“平等、团结、互助、和谐”的社会主义民族关系，维护社会稳定和国家统一的必然要求。为了深入推进我国少数民族地区中小学民族团结教育的改革与发展，我们提出以下几点思考：①

（1）构建“育人为本”的民族团结教育课程体系

首先，民族团结教育课程体系应该具有整体性。从课程目标来看，

---

① 任京民：《民族地区基础教育课程改革探索》，186~188页，昆明，云南大学出版社，2016。

它需要兼顾知识与技能、过程与方法、情感态度与价值观等多维目标的统一；从课程类型来看，它不是单一的，而是需要学科课程、活动课程、综合课程等的协调一致；从课程内容来看，它需要综合考虑学生的心理发展、社会性发展和理性发展等多方面的诉求；从课程管理来看，它需要国家课程、地方课程、校本课程的多层合作；从学校文化来看，营造一个民族团结的“小社会”，需要显性课程与隐蔽课程的紧密结合。其次，民族团结教育课程体系应该具有开放性。世界上大部分国家都是多民族的国家，它们都面临着民族团结教育的共同课题，可以说，民族团结教育是人类社会面临的共同课题。最后，民族团结教育课程体系还应该具有动态性。进入21世纪，全球化的趋势日益加快，新的理论层出不穷，世界上的民族矛盾、民族冲突也更加复杂，这些新的变化、新的趋势都是民族团结教育课程设计时需要关注和思考的。

（2）关注民族团结教育课程目标的可操作性

可操作性是制订课程目标时容易忽视的一个问题，这也体现在民族团结教育的课程目标上。与国外相比较，我国的课程目标在表述时用词往往比较单一、笼统，例如内容标准的知识目标的表述一般是“了解”“知道”“形成”，等等。这样的动词太过笼统，可操作性、可评价性较差。并且，从低年级到高年级没有做出阶段性的区分，表述的动词数量和类别没有明显差异，这样很难体现不同年级阶段学生学习经验和学习结果的不同。同样，在教科书上，教学目标的表述也存在以上的类似问题。由此可见，关注民族团结教育课程目标的可操作性，是推进我国民族团结教育改革的一个重要环节。

（3）注重选择“乡土教材”等贴近学生经验的课程内容

民族团结教育要选择贴近学生生活经验的课程内容，“乡土教材”的合理性是非常明显的。首先，在我国，无论是从历史还是从现实来看，各民族和睦相处、和谐发展的真实动力在乡村。“乡土教材”使我国的民族团结教育真正具有了草根性，因而是符合我国国情的、有效的教育方式。其次，它体现了学生“经验”的连续性。“乡土教材”在学科与生活、历史与现实之间架起了一座联系的桥梁，比起教材上单纯的民族知识和国家民族理论与政策以及活动内容，“乡土教材”的形式超越了单纯“教材”和“活动”等形式所能带来的单一价值，具有生活化、经验化等特征。

三、民族地区中小学公民教育途径

中小学公民教育途径的选择应当是多样的、综合的，这是由公民教育目标和内容的多样性、综合性所决定的。从世界各国中小学公民教育的实践来看，主要包括学校教育、家庭教育和社会教育三种基本途径。为了确保以上三种教育途径的协调一致，提高公民教育实施的有效性，必须建立学校、家庭和社会三位一体的公民教育网络。

（一）学校教育

公民教育内涵丰富，要求复杂，需要对中小学生进行系统的、全方位的培养，面对这样的任务，学校必然会选择课程——学校教育最核心的途径加以承担。美国于 1860 年设立了公民科，法国于 1883 年开设了专门的公民课程，德国于 1900 年左右在课程中实施公民教育。其他西方国家也多在 19 世纪末 20 世纪初，将公民教育纳入学校课程体系之中。随着公民教育实施范围的不断扩大，当前大多数国家都采取了各种课程形式来推行公民教育，公民教育课程化成为了世界公民教育发展的必然潮流。可见，如何实现公民教育的课程化，是构建中小学公民教育体系的关键环节。在我国，1922 年全国教育联合会拟定了《中小学课程标准》，首次把公民科列入中小学课程。随着时代的发展，我国中小学公民教育的课程经历了一个曲折的演变过程。新一轮基础教育课程改革以来，我国推出的《品德与社会》《历史与社会》《社会》这类综合课程，以及《历史》《地理》这类分科课程，即我们所说的“社会科课程”，都是典型的公民教育课程。民族地区中小学公民教育体系的构建，需要我们运用整体的、系统的视角重新考察公民教育的课程类型及其结构。

1. 学科课程

所谓“学科课程”（subject curriculum），是以文化知识（科学、道德、艺术）为基础，按照一定的价值标准，从不同的知识领域或学术领域选择一定的内容，根据知识的逻辑体系，将所选出的知识组织为学科。[①] 公民教育的学科课程主要有三种类型，即设置独立的分科公民课程、开设综合的公民教育课程和进行渗透式的公民教育。[②]

第一，设置独立的分科公民教育课程即公民科。分科的公民教育课程，是指以专门的一门学科系统地传授公民知识，进行公民教育。这种课程化形式多以公民和国家的政治关系作为课程的主要内容，注重政治知识的传授，强调课程的系统性，对公民知识的概括和抽象程度较高，较适合高年级学生。然而，这种课程化形式易使公民教育内容窄化，传授的知识与学生生活有较大的距离，使学生在公民知识、技能和态度等方面得不到全面培养。

第二，开设综合的公民教育课程。综合的公民教育课程，是指以公民教育来统整纷杂的课程内容，通过历史、地理、政治、法律等人文社会学科来实现公民教育的内涵。综合课程重视与学生的生活、经验和需要相联系，注重社会能力的培养，强调学生的主动学习和探究，容易激

① 张华：《课程与教学论》，238 页，上海，上海教育出版社，2000。

② 王文岚：《社会科课程中的公民教育研究》，75 ~ 77 页，北京，中国社会科学出版社，2006。

发学生的兴趣。如何有效地统整课程内容，是综合课程能否成功的关键。有学者提出，公民教育课程内容整合的方式主要有三种：从概念出发整合公民教育的学习内容，从社会问题出发整合公民教育的学习内容，以历史为中心整合公民教育的学习内容。① 一般来说，综合课程的开发难度随着内容复杂程度增加而增大，因此，这类课程一般主要在小学和初中进行。

第三，进行渗透式公民教育。在渗透式的公民教育中，公民教育既不是体现在某门学科中的一部分或一个专题，也不是综合课中的一部分，而是广泛渗透于整个课程和所有学科之中。主张采用渗透式公民教育的学者认为，公民教育涉及的知识范围十分广泛，绝非一门课程所能容纳的，因而要渗透到相关课程和活动中，推动学校全体成员的共同关注和积极参与。但是，渗透式公民教育的问题在于其所涉及的课程和活动太多，不利于教学活动的统筹安排，在实际工作中，容易出现人人负责实施公民教育，而实际上人人都不负责的局面。因此，渗透式教育往往被视为学校公民教育的辅助途径。

以上三种课程形式各有利弊，世界各国中小学在实施公民教育时所采纳的形式也不尽相同。从中小学公民教育的发展演变来看，一般是先行开设独立的公民科，以便保证学生获得集中的、有针对性的公民教育。随着时代的发展和社会的进步，社会结构、社会问题变得越来越复杂，学生只有具备多学科的、整体的公民视野才能“学会生存”，公民科就显得课程内容过于狭窄、课程形式过于僵化，难以适应社会和学生的发展需要。

2. 活动课程

“活动课程”（activity curriculum）亦称“经验课程”“生活课程”

---

① 赵亚夫：《学会行动——社会科课程公民教育的理论与实践》，172 ~ 192页，北京，高等教育出版社，2004。

或“儿童中心课程”，是以儿童的主体性活动的经验为中心组织的课程。[①] 中小学校内活动一般有两类，一类是由学生会、少先队、学生团委组织的活动，另一类是学生们的兴趣团体所开展的活动（如天文协会、环保协会等学生社团组织所开展的活动）。第二类活动以学生的兴趣为基础，独立处理问题，平等参与，有助于改善人际交往，培养学生民主生活态度、适应生活的能力和自主的创造性能力。环保活动可以认识到人与自然的和谐关系，体育活动可以学到合作或为团体奋斗的价值观。另外，集体活动还可以促进学生集体意识的形成和社会意识的发展。2001 年 6 月新一轮基础教育课程改革实施以来，我国在中小学普遍开设了综合实践活动作为必修课程，综合实践活动课程的开设为公民教育活动的开展提供了更为广阔的空间。

3. 隐性课程

隐性课程（hidden curriculum），指的是学校政策及课程计划中未明确规定的、非正式的和无意识的学校学习经验。与“显性课程”相对。[②] 学校的校风、班风、学风以及教师的人格也对学生有重要的作用，在很大程度上是一种无形的影响作用，西方学者称之为“隐性课程”。隐性课程是中小学公民教育的潜在途径。事实上，这些因素对学生的影响是潜移默化的，并不亚于正式的学校课程。与隐性课程相关的学校教育实践包括：师生关系、教师对教材和教学所持的态度、学校奖惩制度等，其效果体现在学生个体的社会化、价值观与权利观念的形成等方面。这些都对学生公民素养的形成产生不可忽视的作用，学校的公民教育必须与学校的制度建设和良好校风的形成联系起来。

---

① 张华：《课程与教学论》，244 页，上海，上海教育出版社，2000。

② 顾明远主编：《教育大辞典》（简编本），581 页，上海，上海教育出版社，1999。

4. 地方课程与校本课程

校本课程开发（school - based curriculum development）指的是学校根据本校的教育哲学，通过与外部力量的合作，采用选择、改编、新编教学材料或设计学习活动的方式，并在校内实施以及建立内部评价机制的各种专业活动。[①] 它是相对于国家课程和地方课程而言的，其目的在于最大限度地满足地方、学校及学生的差异性。公民教育要体现少数民族地区的文化特点，必须继承和发扬各民族的优秀文化传统，挖掘各民族传统文化中的教育资源，使其更好地为促进公民教育服务。地方课程和校本课程的开发，是少数民族地区实施中小学公民教育的一大特色。少数民族地区在实施中小学公民教育时，必须立足于本地区或学校的课程资源，重视开发富有地方特色、学校特色的地方课程、校本课程，编写相应的教材，以云南民族地区为例，笔者认为应侧重于云南乡土历史文化、云南旅游地理、云南非物质文化遗产等。从教师的角度来看，"教师即课程"，公民教育课程资源的丰富性、鲜活性，也给予教师极为广阔的空间。重视少数民族地区地方课程、校本课程的开发，不仅使公民教育整体课程系统更加完善，保证公民教育全局的一致性，而且可以确保少数民族地区中小学生公民教育的适应性，符合独特的地方环境和教育需求，体现学校的办学特点，从而使中小学公民教育课程体系具有强大的生命力与挑战性。

（二）家庭教育

家庭是社会"文明的核心"，父母是儿童的第一任教师，家庭教育对于儿童的健康成长和社会化起到主要作用。在家庭教育中，父母不仅"教"给儿童一定的价值标准、规范和习俗惯例，还"教"给儿童包括

① 崔允漷：《校本课程开发：理论与实践》，56 页，北京，教育科学出版社，2000。

全部社会阶层在内的整个社会结构。通过家庭中存在的显性的教养与隐性的影响，儿童得以掌握日常行为生活的基本习惯、社会行为方式和态度，进而学会社会行为规范，如守时、守纪乃至社会道德。尽管对进入学校的儿童来说，家庭影响相对下降，但在他年幼时期，家庭的影响常常比学校影响更强。由此可见，家庭教育是实施中小学公民教育途径的重要途径之一。

社群主义的公民教育观认为："家庭尤其是母性可以培养公民的责任与德性，母性教会妇女保护生命和弱者的责任，这种教育也应该成为政治生活的指导原则。"[①] 因此，家庭教育中父母的言传身教对于促进少数民族学生的社会化，培养他们的公民意识具有难以替代的重要意义。通过家庭教育，可以强化少数民族学生的民族认同、国家认同与公民身份认同；通过家庭教育，可以引导少数民族学生理性地看待宗教信仰，进而树立法律意识；通过家庭教育，可以传递给少数民族学生一定的道德观、权利义务观，增强其民主观念。

（三）社会教育

所谓的社会教育，指的是学校和家庭以外的社会文化教育机构、组织、团体对广大青少年进行的意在培养合格公民的教育活动。随着时代的发展、社会开放程度的不断提高，新的教育思潮不断涌现，公民教育面临着越来越复杂的问题和挑战，教师们发现学校教育的作用较之社会环境施加给学生的影响明显减少了，积极探讨和拓展社会教育的形式和途径，成为决定公民教育成效的极为重要的一环。社会教育的主要形式有以下几个方面：（1）大众传媒。以电影、电视、网络等为代表的大众传媒，以其传递大众文化和社会信息的强大功能，对青少年一代的思

① 班红娟：《中国公民教育实施路径探析》，载《新视野》，2012（4），106页。

想观念和行为方式产生深刻的影响。当今社会，由于数字化、信息化技术的日新月异，大众传媒的形式更加灵活多样，对学校教育的影响力也在不断增强。（2）社会文化机构。以图书馆、博物馆、展览馆等为代表的社会文化机构，是学校教育的重要补充。同学校教育相比，社会文化机构组织开展的教育活动更加形式多样、丰富多彩，它们不仅向学生传递文化知识，而且也在潜移默化地进行公民教育。（3）校外教育机构。主要包括少年宫、少年军校、少年科技站以及各种业余体校等教育组织，它们既是学校教育的自然延伸，又是学生了解社会、参与社会的纽带。

在少数民族地区，社会教育同样是实施中小学公民教育的重要途径之一。首先，充分发挥信息与网络技术的强大功能，可以克服少数民族地区地理闭塞、交通不便的弊端，有效地拓宽公民教育的渠道；其次，以社会文化机构为中心，充分发挥社区与社团的作用，使之成为提高少数民族学生公民能力的实践基地；最后，作为中小学公民教育的同盟军，校外教育机构可以在一定程度上缓解部分少数民族地区公民教育资源短缺的困难，提升公民教育的实效。

总之，公民的素养是在家庭、学校和社会等多方面的教育影响下形成和发展起来的。因此，公民教育不仅是学校的责任，同时还要求全社会各种教育力量互相配合，协调一致地对学生施加统一的教育影响。然而，随着工业化力量的日益强大和对家庭教育的侵蚀，父母与孩子的交流越来越少，孩子更喜欢从大众媒体和同伴那里获得信息。对此，有学者深表忧虑："随着时间的推移，我越来越坚定地相信失败的不是学校，而是学校与家庭、社区及宗教机构的伙伴关系。"① 我国正在进行艰难的社会转型，西部少数民族地区的社会发展也在不断加速，西方国家曾

① ［美］欧内斯特·L. 博耶著，涂艳国、方彤译：《关于美国教育改革的演讲》，22页，北京，教育科学出版社，2002。

经发生的学校与家庭、社区之间关系的疏离现象也开始出现。如何站在新的时代背景下，重新整合学校教育、家庭教育和社会教育之间的关系，使之形成三位一体的公民教育网络，亟待引起教育工作者的重视。

四、民族地区中小学公民教育的学习策略

所谓的学习策略，指的是学习者为了提高学习的效果和效率、有目的有意识地制定的有关学习过程的复杂的方案。① 根据中小学公民教育的特点，其学习策略应该具有多样、民主、活动、参与的特点，让学生在观察、分析、探究、操作和参与的过程中，培养公民意识、获得公民知识以及提高公民行动能力。有学者将国内外中小学公民教育的学习策略概括为五种，即核心概念学习策略、争议性问题学习策略、合作学习策略、批判反思学习策略和社区服务学习策略。② 有效的公民教育学习策略不仅要求背景知识丰富，而且将能力、知识和态度通过合作学习、批判反思学习、核心概念学习及争议性问题学习等策略紧密地结合在一起，使得学习更具有实效性。在公民教育的实施过程中，还要不断总结和探索适合少数民族地区中小学生特点的、为他们所喜闻乐见的教育方法和学习策略。

（一）核心概念学习策略

知识的学习和掌握是公民教育的主要任务之一，是学生各种技能形成和能力发展的重要基础，也是学生公民意识形成的关键因素之一。概

---

① 教师资格认定考试编写组编：《教育心理学》，167～168 页，北京，北京师范大学出版社，2008。

② 王文岚：《社会科课程中的公民教育研究》，199～232 页，北京，中国社会科学出版社，2006。

念学习是知识学习的主要形式，也是比较高级的形式。概念是指用一种定义、一种标准或者一系列标准对事物进行归类，展示出事物的一些共同属性。概念学习指掌握概念的一般意义，实质上是掌握同类事物的共同的关键特征和本质属性。

美国中小学公民教育特别重视挖掘各种核心概念，以美国最具影响力的教育出版社之一——霍顿米夫林版的社会科教科书为例①，其中出现的公民教育核心概念主要包括以下四类：（1）政治概念。如民主、公民、社区、国家、政府、权利、平等、社会阶层等。（2）文化概念。如文化、多元文化、文明、族群、妥协等。（3）经济概念。如贸易、税收、社会需求等。（4）法律概念。如宪法、立法等。这些概念都是公民教育的核心要素，其中，公民概念在该教科书中居于重要位置，相关内容在整套教科书中多次出现。

核心概念学习策略的特点：（1）多维视角解读概念。该教科书从政治概念角度，强调了公民社会服务和政治参与的重要性；从法律概念角度，介绍了1868年美国宪法第14次修正案关于美国公民的基本规定；从历史发展角度，探讨了公民概念的历史沿革。可见，运用多学科知识对公民概念进行解读，有助于学生全方位、多角度地深刻理解公民的内涵。（2）依据学生不同年龄的心理特点组织教学内容。在内容呈现上，该教科书采取了螺旋上升的方式呈现本学科核心概念，编排教材。公民概念在不同年级的教科书中反复出现，并逐渐深化。如此层层深入，从具体了解到抽象思考，从感知到深入理解，不断加深学生对公民概念的认识，从而提高了公民教学的有效性。（3）在内容的组织方式上，特别注重范例的使用，通过例证帮助学生理解本学科概念。通过对24个班级学生学习公民教育核心概念的效果进行实证研究，发现学

① *Houghton Mifflin Social Studies*, Houghton Mifflin company, 1999.

生通过阅读教科书与教师讲解内容两种方式进行学习，其效果没有很大的差异。但是，如果在学习概念时，使用了具体例证，则会有效地提高学习效果。由此可见，公民教育核心概念的呈现，对于公民教育的效果有着比较重要的影响。

（二）争议性问题学习策略

一个合格的公民有多方面的要求，其中很重要的一点是他能够通过理性的判断，得出关于公共事务和社会事务的结论。由于其自身的特殊性，公民教育中存在着不少争议性问题。一些研究还发现，即使是小学低年级的学生，也会对重要的社会问题有很强的意识，他们对于事情发展的关注远远超过了成年人的料想。（1）在公民教育的过程中，以争议性问题为中心的课程策略有助于鼓励学生应用跨学科知识思考社会现实问题。（2）公民政治和社会生活中的现实议题会激发学生去寻找解决问题的办法，有助于提高学生的决策能力和参与能力。通过选用类似的争议性问题，能够有效地锻炼学生的思维方式，培养学生综合解决问题的能力。解决争议性问题需要与社会生活密切联系，强调问题的现实性。由此可见，解决争议性问题的过程实际上是一个学生进行深入理性思考分析的过程。解决争议性问题关注如何激发学生的创造性，本质上是一种探索和研究的活动。

争议性问题学习策略的实施，教师可以按以下步骤进行：首先，教师应当根据学生对社会问题的分析水平选择争议性问题，而且所选择的问题应当是学生熟悉的，与公民生活、学生的经验和目前正在学习的教科书知识有一定的关联性。例如环保问题、公共决策问题、经济问题、多元文化以及科技道德等当代社会生活中的重大问题。其次，教师应该协助学生了解问题的背景。再次，教师可将各种不同的观点一一介绍给学生，使学生能够明确议题的争论焦点和各种观点的依据。这些问题一般不要给出既定的答案，而是引导学生通过自己思考来做出决定。然后，教师应鼓励学生自己搜集与议题相关的资料，引导其独立思考，重新界定议题，并分析各种理由与观点之间的因果关系。学生不应局限于课本所提供的信息，自己去寻找更多的信息来了解问题、分析问题以及解决问题。最后，让学生提出自己的观点和理由。也就是说，教师应通过层层递进的方式，引导学生沿着一系列步骤进行思考，最终得出自己的解决方法。

通过解决争议性问题提高学生做决定的能力，这就对教师提出了更高的要求。英国著名课程理论家斯腾豪斯（Lawrence Stenhouse）提出了关于解决争议性问题的教师策略：（1）应该在课堂上与学生一起讨论研究有争议的问题；（2）教师保持中立原则；（3）使用探究的策略；（4）讨论时应保护参与者不同的观点，而不是试图达成一致的意见；（5）教师作为讨论的主持人，应该对学习的质量和标准承担责任。[①] 这些方法对于我国中小学公民教育也提供了很好的借鉴。只有教师很好地设计教学，组织课堂，鼓励学生探究，尊重学生的独立意识和主体精神，才能通过解决争议性问题来提高学生做决定的能力。

（三）合作学习策略

合作学习（也有一些学者称之为合作教学）是目前世界各国普遍采用的一种新兴教学理论与策略体系。由于创设了学生之间积极的同伴关系，合作学习不仅有助于学生认知方面的发展、提高学业成绩，而且对于改善课堂社会心理气氛、促进学生形成良好的非认知心理品质和社会技能等方面实效显著。世界各国教学改革的实践证明，合作学习是所有教学策略中最成功的策略之一。因此，国际 21 世纪教育委员会向联

---

① 施良方：《课程理论——课程的基础、原理与问题》，182 页，教育科学出版社，1992。

合国教科文组织提交的报告《学习——财富蕴藏其中》中指出，合作学习是面向21世纪的四大教育支柱之一。合作学习在我国也受到了普遍的关注，成为我国新一轮课程改革所倡导的一种重要学习方式。

公民教育的核心是学习“人与人的关系”，以便认识真实的社会生活，增进谋求个人和社会福祉的能力。20世纪90年代，美国社会科协会制定的《卓越的期望：社会科课程标准》强调，民主制的生命力不仅有赖于自信与独立的公民，还需要人们的合作与妥协来促进民主社会的稳定与发展。合作学习对于公民教育具有以下独特的意义：（1）有助于学生公民资质的形成。“人们相互合作的需求如果不是一种遗传驱动的话，也是一种社会本能。人们如果不进行相互合作，那么甚至就会不清楚自己是谁。”① 个体之间相互理解、相互依存、相互交流和相互沟通能力的形成，而这些正是公民资质的重要组成部分。因此，合作学习能够帮助学生成为活跃的、积极的、有效率的公民。（2）有助于增进学生的社会性发展。合作学习“通过结合团队和个体的责任来模仿真实生活的学习和问题解决的策略”②，使学生亲身经历民主程序、体验民主生活、学得民主原则，有助于学生合作能力的形成，增进学生的社会性发展。（3）有助于学生跨文化交际的实现。马戈利斯（Margolis）等人的研究发现，合作学习能够使不同团队的人相互理解，打破彼此的刻板印象，因而有助于不同文化背景的学生和特殊需要的学生相互接纳和承认。③

---

① ［美］B. 乔伊斯等著，荆建华等译：《教学模式》，35页，北京，中国轻工业出版社，2002。

② McBrien, J. L. & Brandt, R. S. *The language of learning: A guide to education terms*, Alexandria, VA: Association for Supervision and Curriculum Development, 1997. 24.

③ Margolis, H., McCabe, P. O. & Schwartz, E. *Using Cooperative learning to facilitate mainstrearning in the social studies*, Social Education, 1990, 54 (2).

合作学习必须经过精心准备，才能卓有成效。马戈利斯（Margolis）等人提出了下列公民教育的合作学习策略：（1）首先要选择适合学生年级水平并且与公民社会生活密切关联的任务目标；（2）教师要向学生完整、清晰地解释任务目标；（3）教师向学生传授合作学习中必须具备的合作意识；（4）小组的活动应该从具体的、容易的任务开始；（5）注意小组成员的多样性以及充分的参与；（6）在整个合作学习过程中，教师要监督和帮助学生完成任务，关注个体的行为和任务完成的情况；（7）教师安排好课堂环境，以便于合作学习的实施；（8）小组预先要举行会议；（9）制订小组工作的规则和要求，要明确规定哪些是合适的行为；（10）合理安排合作学习所占课时的比例；（11）根据课堂活动调整合作学习的策略。[①]

（四）批判反思学习策略

批判性是不可或缺的公民品质，也是公民处理复杂社会问题的必备资质。“批判性思维不同于其他思维类型，因为它强调对信息的处理，尤其是要对原始资料或未经解释的信息加以处理。批判性思维的主要因素是分析和解释信息（数据），这种分析和解释应当能够推导出下列内容：（1）对事例的不同点和共同点做出假设；（2）根据其他资料和事例对解释性假设做出评估；（3）做出能够被其他资料和事例加以检验的合理的推论；（4）根据资料或事例得出结论或进行归纳概括。”[②]“如果我们想让我们的学生成为更好的思想者、更好的决策者，那么他们就必须接触那些惯常于精密、精确、清晰地思考的人。我们必须鼓励他们

---

① Margolis, H., McCabe, P. O. & Schwartz, E. *Using Cooperative learning to facilitate mainstrearning in the social studies*, Social Education, 1990, 54 (2).

② ［美］大卫·威尔顿著，吴玉军等译：《美国中小学社会课教学策略》，321页，北京，华夏出版社，2003。

成为最好的媒体、印刷品、音像等传媒工具的博学者和批判者。让他们意识到公民教育知识、技能和学习环境之间的联系，可以帮助他们设定反思型社会研究的标准。如果我们想把学生培养成具有民主思想和行动能力的人的话，这种反思型思维是必要的。”① 批判反思的精神在于启迪人类的理性，让人类有能力去建构属于自己的人生，并具有正直、公道和讲科学的个人品质。显然，批判性思维不是无中生有，也不是单纯的求异思维训练，我们应该把它看成是公民独立思考和习惯的养成过程。

现代公民教育要求的不是消极被动的公民，而是能承担责任、积极参与社会生活的公民。在当代的民主社会中，人们不仅要处理个人的日常生活琐事，还要参与公共事务，进行讨论、分析、表达意见以及做出决定。因此，批评反思能力是民主社会的重要基础，是民主社会对公民的必然要求。目前，批判反思能力的培养已经成为全世界范围内的共识。可见，公民教育不应该只关注单纯的知识积累，更应该培养能自我反省、自我认识的公民。近年来，许多国家都把培养具有批判反思能力的公民作为公民教育的重要目标，以促进民主社会公民的培养。批判反思学习策略就是以培养学生批判反思能力为核心目标的学习策略，实际上是一种渗透式教学策略。凡是鼓励学生自我反省、自主思考、提倡学生运用所学知识对僵化的观念进行批判、对不合理的问题进行反思的学习都是与批判反思学习相适宜的。在我国，随着基础教育课程改革的深入，如何使学生成为未来社会具有理性思考能力的公民，能够自主、自律和自我负责，已经成为我国公民教育最重要的课题之一。

为了推动我国中小学公民教育的改革和发展，在借鉴国外的研究及经验的基础上，需要重点做好以下几点工作：（1）将批判反思能力作

---

① National Council for the Social Studies. *Curriculum Standards for Social Studies*: *Expectations for Excellence*. Maryland：NCSS，2001.

为公民教育的重要目标，从小学到初中都在课程目标中充分体现。研究证明，在小学低年级教授批判反思也能取得很好的效果，在各个年级都应该进行批判反思能力的培养。批判反思学习的目标不但要尊重学生的人格，更重要的是要启迪学生的理性，使之能够成为自主自律的公民。(2) 在公民教育中呈现适当的主题。研究表明，当教学内容集中在深度而不是广度上的时候，对于发展批判反思能力最为有效。因此，教授少而深的主题能有效提高教学效果。当学生在实际中运用批判反思技能来反思具体问题的时候，往往会取得良好的效果。这些具体问题既可以是故事中角色的观点，也可能是报纸中编辑的论点，或者是来源于网络的资讯。(3) 重视教师批判反思能力的培养，使教师有能力塑造民主的课堂环境，鼓励学生的质疑和提问，培养学生开放的心态和多维思考的能力。教师可使用具体的事例，来培养学生实际运用批判反思能力，在课堂上鼓励学生探讨和反思各种观点，以提升学生的批判反思能力。(4) 加强学生批判反思能力与技巧的训练。如果学生不知道如何推论、判断和思考问题，那么批判反思往往只能给学生带来思维的混乱。民主社会所要求的批判反思的公民是理性公民。唯有以理性的逻辑思辨来指导学习，才能达到培养民主社会公民的要求。因此，我们在学校的教学活动中，应该充分训练学生的推理能力、假设能力和判断能力，这将有助于学生将所学知识运用到社会日常生活中去。

（五）社区服务学习策略

所谓社区服务学习是指在公民教育中，通过社区服务和学术内容相互结合来促进公民资质形成的学习方式。社区服务学习是实施公民教育的重要途径，能有效提高学生参与公民生活的意识和能力。我国长期开展的“文明礼貌月”活动、“学雷锋”活动等也属于社区服务性质。相对而言，西方国家的社区服务往往是志愿者的活动。社区服务使个体产生了对公众的责任感，使学生容易成为有秩序、有节制并懂得自我控制的公民。以美国为例，参与社区服务的学生非常多。一项调查显示，6至12岁的美国学生有一半参与过各种类型的社区服务，其中，12%的学生在一学年中从事社区服务的时间超过30个小时，而几乎所有参加过社区服务的学生都愿意继续从事社区服务。“社区服务学习通常能提高学生的自信和社会责任感，提升学生未来进一步参与民主生活的意识，甚至提高了学生的学业成绩。”① 对于我国的公民教育而言，社区服务学习策略有助于打破我国学校课程的主知主义倾向，即注重对学生的知识灌输，忽视学生的主体性和能力的培养，使学生真正成为民主社会所要求的积极参与国家政治与社会生活的公民。

一般来说，社区服务学习包含如下原则：（1）主动性原则。学生是社区服务计划的主体，学生是整个计划的积极参与者。学生应该感觉到他们是值得信任的，他们是计划的重要影响者，而不是无关紧要的角色。（2）合作性原则。在社区服务中，学生通过分工协作，创造团结的学习氛围，使学生之间建立相互尊重、理解、关心、信任的良好人际关系，有利于培养学生的集体意识，发扬合作精神，提高社交能力。（3）体验性原则。社区服务学习可以使学生体验到丰富情感，而良好的情感体验可以激发学生参与社会、服务社会的愿望。（4）开放性原则。社区服务学习不再把学生的活动局限在狭小的课堂，而是让学生经历真实的生活；知识和技能也不再局限在课本上，而是积极运用在对社区生活的参与之中。

在进行社区服务计划时，可采用以下策略：（1）树立清晰的社区服务目标。这些目标一般应该包括建立责任感、培养公共服务的意识、

① Wade, R. & Saxe, D. *Community service - learning in the social studies: Historical roots*, empirical evidence, critical issues, Theory and Research in Social Education, 1996, 24 (4).

发展批判性思维、加强团队合作精神以及鼓励学生积极参与的精神等。(2) 制定有针对性的社区服务计划。成功的社区服务计划往往是围绕着课程内容精心设计的，只有这样，才能使社区服务学习在学校和社区中有效率地完成。另外，社区服务计划的选择应“少而精”，一学年进行一至两个计划即可。(3) 强调承认和认可。学生的努力得到认可是建立其社区服务意识的关键因素，肯定和承认使他们知道别人是怎样衡量他们的努力的，因此，应该对学生的表现给予积极的反馈。(4) 注重反省和自我评价。通过自我反省，让学生有机会去思考：他们在社区服务学习中发生了什么变化？他们在学习中获得了什么？(5) 教师要积极转换自己的角色。社区服务学习强调学生的思考和参与，因此，教师不再是传统教学的主导者，而是组织者、启发者和引导者。教师必须适应这种新的挑战，积极转换自己的角色，加强自己的知识储备和能力训练，以适应社区服务学习的要求。

以上五种学习策略对于民族地区中小学公民教育具有独特的作用，有助于少数民族学生公民资质的形成，有助于提升他们的公民素养。概念学习是知识学习的高级形式，也是少数民族学生普遍感到困难的学习内容之一。核心概念学习策略在遵循学生心理特点的基础上，通过多维视角解读和具体范例呈现，可以有效地提高学习效果，促进少数民族学生公民意识的形成。争议性问题学习策略不仅可以极大地激发少数民族学生的学习兴趣，而且可以引导他们关注和思考民族地区经济社会发展的现实问题，促使他们成为新时代民族地区的建设者和好公民。合作学习策略能够使不同民族身份的学生相互理解、相互接纳和相互依存，有助于少数民族学生形成跨文化交际能力，也有助于促进各民族学生之间的团结与协作。批判反思学习策略可以有效地提高少数民族学生的公民品质，使他们成为具有理性思考能力的公民，从而更好地推动民族地区经济社会的跨越式发展。社区服务学习策略有助于促进少数民族学生接触社会、认识社会，提高他们参与公民生活的意识和能力。

五、民族地区中小学公民教育保障措施

（一）完善民族教育的优惠政策，加大对民族地区的教育投入

我国少数民族地区中小学公民教育体系的构建，必然触及到深刻的社会经济背景，民族地区相对滞后的经济社会发展必然会影响到这些地区的教育投入和教育资源的公平分配。① 从教育公平与教育均衡发展的角度而言，这种状况必须要从根本上加以解决。为此，在新的时代背景下，在国家实施西部大开发的政策推动下，我们应该借鉴西方国家的成熟做法，进一步完善民族教育的优惠政策，加大对民族地区的教育投入，促进民族地区教育的跨越式发展。

（二）改革民族师资培养模式，注重公民教育师资培养

教师是公民教育的主要实施者。公民教育的新理念对教师提出了更高更严的要求，需要大批高素质、高学历的教师来承担公民教育的任务。而且，公民教育也不能仅仅依靠个别专职教师，而是需要全体教师的共同努力。然而，与之形成鲜明对照的是，少数民族地区公民教育的教师资源储备不足，而且由于学校对公民教育不够重视，教师转岗跳槽严重。以湘鄂渝黔四省市交界地区的土家族为例，在岗教师转岗跳槽，本地师范院校学生毕业后不愿到中小学任教，外地本科及师范院校的毕业生择业也尽量避开教育部门，使土家族地区中小学教师严重不足。②

面对以上严峻挑战，少数民族地区公民教育的师资培养必须要有新

① 王军、董艳主编：《民族文化传承与教育》，111～115 页，北京，中央民族大学出版社，2007。

② 黄仕清：《土家族地区教育问题研究》，91 页，北京，民族出版社，2003。

思路，找到新的培养模式。从民族地区公民教育的发展要求来看，公民教育的师资培养既要面向全体教师，又要突出民族性的特点。有学者指出，民族师资队伍建设不能再照搬非民族地区模式，民族师资培养中必须充分考虑民族文化与民族语言的要求，师资培养要“立足本土，结合特点，面向专业化”。因此民族教育师资培养的机构与体制方面的政策、培养经费的政策、特殊津贴的政策等均需要在“一带一路”倡议背景下作专门的研究。在这方面可以有两种主要途径为政策的制定提供依据：一是回归本属于民族地区专门教师培养机构能够完成的特色培养，如双语教学、传统文化课程学习等，使民族师资的基本培养机构回到民族地区；二是在民族师资高层次与现代性的培养方面，国家可实行民族地区教师国外与国内“留学”，拓宽民族师资的知识视野与专业范围，提高民族师资的整体素质。①

（三）着力营造民主的社会环境，鼓励学生的“社会参与”

在我国，随着新时期改革开放步伐的逐渐加快，推行公民教育的外部环境不断改善，公民教育的社会氛围逐渐形成。但是，公民社会的培育是一个长期的、艰苦的系统工程，需要全社会的共同努力。当前，我国的社会、经济状况还远不能支撑公民教育的健全发展，在少数民族地区，这一问题更为突出。因而，必须通过政府行为，得到政府的高度重视和鼎力支持，着力营造民主的、和谐的社会环境，为中小学校开展社会实践活动保驾护航。公民教育一方面呼唤民主的、和谐的社会环境，另一方面也有为民主的、和谐的社会环境做贡献的必要。总之，公民教育应当也必然与社会主义民主政治、和谐社会的建设同行，并焕发出更为强大的生命力。

---

① 王鉴、万明钢：《多元文化教育比较研究》，72～73页，北京，民族出版社，2006。

（四）加强理论研究，探索中国特色的民族地区公民教育模式

注重国家价值观、民族精神和优秀文化传统的公民教育，与社会的历史和文化存在着天然的联系，不同国家、不同民族有着不同的社会历史发展和不同的民族文化传统，其公民教育必然会有各自的特点，存在显著差异。例如，美国的“多元文化教育”，英国的“情感教育”，法国的“公民资格教育”，德国的“祖国知识和认同感教育”，日本的“忠君爱国思想教育”等，它们各有千秋、各具特色。从公民教育的发展来看，又可以分为道德认知发展模式、关心体谅模式、价值澄清模式、社会行动模式等多种教育模式，它们各有侧重，或着眼于道德教育，或着眼于价值观教育，或着眼于参与民主生活的能力培养。这些教育模式出现的时代背景不同，其理论基础和实施过程差异明显，且在一定程度上进行了学校公民教育的实验与实践。对我国而言，公民和公民教育的概念都是“舶来品”，我们公民教育的理论研究和实践经验都相对欠缺，因此，必须加强理论研究，将全球视野与本土创新结合起来，探索具有中国特色的少数民族地区公民教育模式。在积极借鉴国外先进教育思想、课程理念和成功经验的时候，必须从我国的历史与国情、现实状况出发，使得先进的事物能与我国的教育改革实践结合起来。① 换一句话说，教育本土化绝不意味着向传统的简单回归，而是创造性地走出符合“现代性”标准或具有“现代性”内涵的民族之路。②

---

① 李稚勇：《社会科教育概论》，2 页，北京，高等教育出版社，2005。

② 王啸：《全球化时代的中国公民教育》，49 页，福州，福建教育出版社，2006。

第四章　中小学公民教育的世界发展趋势

一、国际意识和全球观念的培育

全球化（globalization）是近年来最引人注目的热点词语之一。全球化指的是人类社会发展到一定历史阶段，由于生产力的发展和科学技术的进步，所出现的以经济为主导的政治、经济、文化、教育、社会生活等诸方面在全球范围内互动的历史过程和客观趋势。有学者指出，全球化本身具有两重性：一方面是一个活生生的客观实在，它发生在社会生活的各个领域，产生了各种不同的冲击、影响以及相应的不同反应；另一方面全球化又是一种观念，一种意识，一种认识方法，它不仅可以成为人们认识问题的工具或参照系，而且构成了当代条件下各个学科进行对话与合作的一个基本前提。[①] 就人类社会的发展趋势而言，全球化已经成为不可逆转的历史潮流，全球化使人类社会的发展迈进一个新的阶段，也即现代性的当代状态。

全球化不仅给人类社会的发展提供了难得的机遇，而且也提出了前所未有的新的挑战。《哥本哈根社会发展问题宣言》指出："全球化，是增多的人口流动、改进的通讯设施、极大提高了的贸易和资本流动以

---

① 杨雪冬：《全球化：西方理论前沿》，45 页，北京，社会科学文献出版社，2002。

及技术发展的结果。它向全世界经济尤其是发展中国家经济的持续增长和发展开辟了新的机会。全球化还使各国能分享经验及从彼此的成就和困难中相互学习，并促进着理想、文化价值和愿望的相互丰富。与此同时，日益加剧的贫穷、失业和社会解体却伴随着迅速变革和调整的进程。对人类幸福的各种威胁如环境危险等，也已成为全球化现象。进而言之，世界经济的全球性转变正深刻地改变着所有国家的社会发展之特征。所面临的挑战是如何驾驭这些进程和威胁，以便增强它们带给人民的利益而减少其消极影响。"[①] 而且，全球范围内的人口流动，也使得公民的定位超越了传统的国家定位，对民族国家的权威、认同构成了挑战。

面对全球化及其带来的人类社会问题，不同学科领域的学者纷纷提出自己的观点和对策。政治家提出道德重建的思想，期望通过达成一些世界公认的最低限度的道德基本准则，改善人类社会的精神生活。伦理学家孔汉思（Hans Kung）于 1990 年在《全球伦理》一书中提出了"全球伦理"亦即"普世伦理"的思想，强调在"多元文化论"基础上的道德观念整合或普遍化，以满足全人类普遍性伦理的内在需求。哲学家康德（Immanuel Kant）指出："大自然迫使人类去加以解决的最大问题，就是建立起一个普遍法治的公民社会。"为此，他最早提出培养"世界公民"的构想。[②] 全球性的道德重建，全人类的普世伦理，乃至于"世界公民"概念的提出，对学校教育说来，从一开始就要有意识、有计划地培养学生做人的基本准则和社会责任性。更为重要的，做人的基本道德和社会责任感的培养，是以广阔的全球视野为背景，站在全人类共同的基本利益之上所进行的，而不能从封闭的社会出发，也不能站

① 转引自赵中建：《教育的使命》，208～209 页，北京，教育科学出版社，1996。

② 赵汀阳：《天下体系》，24 页，南京，江苏教育出版社，2005。

在狭隘的民族立场之上。要教导学生胸怀世界、以全体人类文明进步为己任，国际意识和全球观念的培育就成为必然的前提条件和基本要求。

人类只有一个地球，各国共处一个世界。一直以来，中国都是推进全球化的一支不容忽视的积极力量。为此，习近平同志提出了“人类命运共同体”的思想，并逐渐为国际社会所认同。中共十九大报告进一步提出：“我们呼吁各国人民同心协力，构建人类命运共同体，建设持久和平、普遍安全、共同繁荣、开放包容、清洁美丽的世界。”“要尊重世界文明多样性，以文明交流超越文明隔阂、文明互鉴超越文明冲突、文明共存超越文明优越。”① 在新的时代背景下，“人类命运共同体”思想的提出和发展，为全球化的深入推进贡献了中国智慧和中国方案，成为推动全球治理体系变革、构建新型国际关系和国际新秩序的共同价值规范。

为了应对全球化的挑战，世界各国都不约而同地加大了公民教育改革的力度。美国中小学公民教育已充分注意到了全球观念的培育。全美社会科协会制订的美国社会科课程标准以“10 大主题轴”为基本框架来构建中小学的社会科课程体系，其第九个主题轴便是“全球联系”(Global Connections)。课程标准写道：“社会科课程应当包括全球联系和全世界相互依存方面的学习。全球相互依存的现实，要求加强对其日益增强的重要性的认识，世界性的社会事务中，存在着多种多样的全球联系。分析国家与国家之间的利益关系以及争夺全球优先权而造成的紧张局势，在诸多领域中提出可能解决问题的方案，这些领域包括健康保障、经济发展、环境质量、人类普遍的权利等。分析世界文化中一些典型关系，如经济上的相互竞争与互相依存、旧时代的种族敌视、政治上

① 习近平：《在中国共产党第十九次全国代表大会上的报告》，[2017-10-27]，http：//www.guancha.cn/politics。

和军事上的联盟等，可以帮助学生仔细审视有关国家和全球性的政策选择。”①

日本公民教育也强调“国际化”的要求。自20世纪90年代以来，日本中小学课程改革十分关注国际生存能力的培养与发展，其关键词便是“国际化”。1998年日本文部省颁布的小学社会科学习指导要领，在总目标提到了培养作为存在于国际社会的、民主的、和平的国家和社会的一员所必需的公民基础素养。在第六学年的目标中提出，了解国际社会中日本的作用，认识到作为期望和平的日本人与世界各国人民和睦共处的重要性。同年颁布初中公民科目提出，让学生认识到随着国际间的相互依存关系的不断加深，为实现世界和平与提高人类的福祉，世界各国相互尊重主权，各国人民相互合作的重要性。同时，让学生自觉地认识到热爱自己的国家，维护和平与繁荣的重要性。②

作为世界大家庭中的重要一员，我国对外交流的步伐不断加快，如何应对全球化给公民教育带来的冲击与挑战越来越引起国内教育界的关注。我国中小学公民教育也十分关注国际意识的培育。新一轮课程改革中，我国在中学设置了初中综合型公民教育课程《历史与社会》。《历史与社会》课程标准明确指出，培养青少年应有的公民素养、民族精神和国际意识，是我们必须面对的课题。在贯穿中国社会发展基本过程的同时，把国际社会的发展历程有机地联系起来，在弘扬民族精神的同时培养学生的全球意识。③ 要求学生关心祖国和人类的命运，培养他们爱

---

① National Council for the Social Studies. *Curriculum Standards for Social Studies: Expectations for Excellence*. Maryland：NCSS，2001. PP. 29.

② 李稚勇：《社会科教育概论》，333页，北京，高等教育出版社，2005。

③ 中华人民共和国教育部制订：《历史与社会课程标准（二）》（实验稿），1～3页，北京，北京师范大学出版社，2001。

国主义情感和开放的世界意识。①

然而，在全球化的背景下，少数民族地区中小学公民教育具有自身的独特性，国际意识和全球观念的培育也需要深入探讨。我国少数民族大部分生活在边疆地区，有些民族甚至世世代代跨国而居，长期以来他们生活的环境相对闭塞，但是随着时代的变迁尤其是我国“一带一路”倡议的推行，民族地区由大后方一跃成为对外开放的最前沿。由于地理区位、历史文化等因素的制约，少数民族地区的社会经济发展还比较落后，少数民族地区中小学生的公民意识也较为淡漠。在市场化、现代化和全球化的猛烈冲击下，西方文化带来的不仅仅是先进的公民教育理念，也造成我国一些少数民族文化面临传承与发展的新困境。在全球化影响下，民族地区的经济、文化与教育的各种矛盾集中爆发出来。因此，少数民族地区公民教育培育学生的国际意识，需注意与爱国主义教育、民族精神培养结合起来。而且，即使我们把公民教育的外延扩大到培养“世界”公民上，也绝不意味着降低了民族认同、爱国主义教育的要求，事实上越讲世界性，就越是强调民族文化和爱国主义，因为一个“负责任”的公民，首先是针对本地区、本国、本民族而言的，这个基础扎实了，才有可能具有国际意识，成为“世界公民”。

二、多元文化教育

世界文化的多样性，是人类文明进程中客观存在的现象。“多元文化”这一术语，在西方出现于20世纪20年代。20世纪五六十年代以后，多元文化已经演变为一种社会思潮并引起人们的广泛关注。随着时代的发展和研究的深入，多元文化的内涵也发生了显著的变化。然而，

---

① 中华人民共和国教育部制订：《历史与社会课程标准（一）》（实验稿），5页，北京，北京师范大学出版社，2001。

世界上不同文化之间寻求平等对话、交流互动是多元文化发展的主要趋势。正如萨伊德（Edward W. Said）所说，多元文化立场既坚持各种文化的独立和平等，又强调文化间的交流与合作；既反对任何形式的分裂主义，又反对对差异不加区分的笼统做法；既承认构成世界文化的各国文化的相互影响，又反对一切文化敌对与文化压制。总之，在这个没有权威、没有中心与边缘、不存在任何特权位置的空间中，各个位置点平等地表达自己的思想，并与其他声音对话。①

关于多元文化教育的定义，可谓智者见智，仁者见仁，学术界尚未达成一致的观点。其定义的方式大致上可以归纳为：从观念上定义、从目的上定义、从活动（过程）上定义、从内容上定义和综合性定义等几种类型。根据多元文化教育研究共有认识以及文化含义的分析，我国学者给出的界定是：多元文化教育是以教育中存在的文化多样性为出发点，使具有不同文化特征的学生都享有同等机会的教育；这种教育是在尊重不同文化且依据不同的文化背景、文化特征的条件下实施的，目的在于帮助学生形成对待自身文化以及其他文化的得当方式及参与多元文化的能力。②

当代美国教育界认为，多元文化教育有助于帮助学生消除文化偏见与种族歧视，通过“了解”“关心”和“行动”，增进民族了解和互相尊重，促进文化交流和合作，促进与培育一个民主的和公平的社会。为此，学生需要学习相关知识，以理解世界上不同民族、不同种族之间的文化差异，学会尊重与欣赏。但是，多元文化知识的建构，只是多元文化教育的一个基础，还不能帮助学生培育起情感上的认同与关怀，关心与献身于人类社会和民主进程。为了达成多元文化教育的宗旨，教育工

---

① 杨雁斌、薛晓源编选：《重写现代性：当代西方学术话语》，287页，北京，社会科学文献出版社，2001。

② 郑金洲：《多元文化教育》，29页，天津，天津教育出版社，2004。

作者必须帮助学生培育起有益于他人、献身于社会的情感，并像一位合格的公民那样积极地行动起来；同样的，知识与技能也需要参与公民行为。关于多元文化教育的范畴与内涵，请看下图。

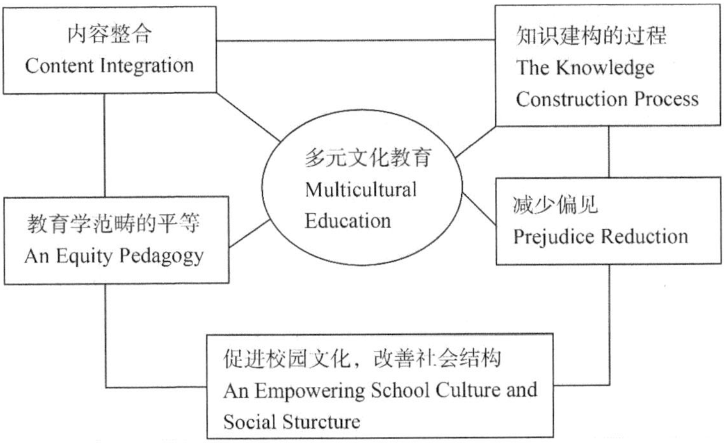

图4－1　多元文化教育的范畴与内涵

（1）内容整合，在各学科的教学中，教师所举的例子、运用的数据和信息，需来自于不同的文化和各种人群，藉此来阐释和说明核心概念、原则、原理和理论。

（2）知识建构的过程，就是记叙与评述社会科学家、行为科学家和自然科学家们创造知识的过程，这是多元文化教育的重要组成部分。教师帮助学生理解与认识知识是如何被创造的，及其是如何受人种、民族、性别以及个人和团体的社会地位影响的。

（3）教育学范畴的平等，意味着教师在运用教学技巧和教学方法时，应该有利于来自各人种、民族、社会阶层学生学术性学习的成就。

（4）减少偏见，聚焦于学生们关于人种的态度方面。通过学习资料和教学活动，使得学生们能减少偏见。

（5）促进校园文化，改善社会结构。重建校园文化和学校组织体系，促使来自各人种、民族和社会阶层的学生都能享受平等教育与公平的发展。多元文化教育包涵学校环境，学校环境的建设应该有利于来自各人种、民族、社会阶层的学生都有一个公平的取得成功的机会。[①]

作为多元文化教育的重要阵地之一，多元文化教育观念已经渗透到英国中小学各科教育之中。以 1999 年颁行的历史科国家课程标准为例，该课程标准提出的整体性目标体现了多元文化教育的思想，其中一条规定：文化发展在于帮助学生认识超越时代的文化与文化之间的相同点与不同点，帮助学生探讨关于文化构成与文化发展的大量信息和不同解释。[②] 英国的多元文化教育实践表明，通过容忍与尊重文化的多元性，可以抵制学生思想观念的偏狭性倾向，从而更好地彰显英国的成就、价值观与传统的价值。

我国学校也同样面临着多元文化教育的课题。随着时代的发展，尤其是全球化的冲击，我国传统教育已经不能适应新的时代的要求了。正如有学者指出的，从小学到大学，一种把学生思路圈进预定的狭窄小道，使人精神狭隘并导致智力局限的倾向贯通在我们教育的各个环节，尤其预设于课程设置和教材内容取舍上，其中以各级文科教材为甚。这种教育缺乏一种尊重、关注个体生命的人道意识，缺乏一种引导学生去认识和体验人类一体、去关注人类的共同命运、尊重人类的共同规范的精神，缺乏有助于不同民族和文化相互沟通、理解和彼此尊重的内容；相反，它有意无意地灌输一种唯我独尊、与其他文化形成壁垒的不健康精神。[③] 这种传统教育的倾向和做法必须加以纠正。

---

① James A. Banks, *An Introduction to Multicultural Education*, Copyright 2002 by Allgn & Bacon, pp. 13 ~ 18, pp. 32 ~ 34.

② Department for Education and Employment, *History—The National Curriculum for England*, Qualifications and Curriculum Authority, 1999.

③ 肖雪慧：《公民社会的诞生》，4 页，上海，上海三联书店，2004。

张英魁教授认为，在全球化发展背景下，各民族间文化交流程度日益加深，民族间互相影响、互相吸收有利于自身有益因子的机会骤增。对于多民族的中国而言，开展以多元文化为背景的公民教育成为未来国家稳定、社会发展的重要推动力之一。国家必须对少数民族进行适合现代民主政治的公民教育，实行符合少数民族自身实际的教育模式，只有帮助少数民族学生培养多元文化意识和批判能力，认识现代中国社会民族、地域、文化等差异存在的现实，并在此基础上培养少数民族具备现代公民应有的多元文化态度和素养，才能使多民族的中国公民教育质量得以提升。[①] 中国各民族有着灿烂的文化，其丰富程度在全世界都是罕见的。如果我们的教育在传授着整个人类先进的文化和科学技术的同时，每个民族又能保持自己鲜明的特色，这无疑是中华民族的明智之举。如果整个世界都能够在倡导先进文明的同时，保留各个民族丰富多彩的文化样式和特色，那将是全人类的幸事。[②]

中华民族的"多元一体教育"源远流长、博大精深。中国 56 个民族的文化教育都是多元中的一元，这 56 个元又有一个凝聚的核心，这就是中华民族的传统文化，因此 56 个民族文化教育都认同国家的一体教育，国家一体教育又为维护多元教育提供养料和保障。在历史上，多元的教育成为主流，这往往是历史上民族大融合、大发展时期。中华人民共和国成立以后，我们实行民族平等政策，进一步完善了"多元一体教育"，并且在此基础上形成了中国特色的少数民族教育体系。[③] 我国在吸收、借鉴西方多元文化教育时，更多地注意到了其尊重文化差异、

---

① 张英魁：《多元文化教育视角下的少数民族公民教育》，载《广西民族研究》，2005 (1)，21～26 页。

② 王军、董艳主编：《民族文化传承与教育》，111～115 页，北京，中央民族大学出版社，2007。

③ 王鉴、万明钢：《多元文化教育比较研究》，2～3 页，北京，民族出版社，2006。

践行民主价值理念和提升社会正义的积极一面，而忽视了其理论困境和实践难题的消极一面。我们应该探索、勇于实践，正确处理“多元一体教育”“多元文化教育”与公民教育的关系，找到一条符合自身特点的教育模式，使公民在实现本民族文化认同基础上，自觉地实现民族认同与国家认同相统一。

三、健全人格的培养

众所周知，教育的对象是人。培养什么样的人的问题是教育的根本问题，是教育的根本方向，是教育的根本归宿。当今的公民教育应当培养完整的人、人格健全的人、个性化的人。

（一）完整的人

所谓完整的人，是指作为当今社会的公民，必须在个体身心结构的各个方面或者在社会生活的各个方面都获得一定的发展，达到社会所要求的基本水准。把学生培养成为一个完整的人，是人类社会历来所孜孜以求的目的。

中华人民共和国成立以来，大量的教育方针、政策、法规和其他有关文献都强调进行德、智、体等方面的培养。在西方，古希腊的苏格拉底（Socrates）、柏拉图（Plato）和亚里士多德（Aristotle）都注重人的身心和谐发展。近代欧洲的洛克（Locke）强调人的品德、智慧、身体和学问等方面的发展。夸美纽斯（Comenius）则认为“人在一切有形的造物之中”是要成为：（1）理性的动物；（2）一切造物中的主宰；（3）造物主的形象和爱物的。”他的结论是：“人要（1）博学；（2）

德行，或合适的道德；（3）宗教，或虔信。”[①] 这些学者的观点尽管不完全一致，但是都主张教育要培养完整的人。

然而，随着社会的发展演变，尤其是在社会分工日益深化、片面追求工具理性等因素的影响下，人们在很多情况下只重视知识与能力，忽略了道德、人格等方面的要求，致使人的完整性被忽视，完善的人格培养被置于可有可无的地位。对此，教育界的有识之士深感忧虑。联合国教科文组织国际教育发展委员会明确指出：目前教育青年人的方式，对于青年人的训练，人们接收的大量信息——这一切都有助于人格的分裂。为了训练的目的，一个人的理智认识方面已经被分割得支离破碎，而其他的方面不是被遗忘，就是随它在无政府状态下发展。为了科学研究和专门化的需要，对许多青年人原来应该进行的充分而全面的培养被弄得残缺不全。为从事某种内容分得很细或者某种效率不高的工作而进行的训练，过高地估计了提高技术才能的重要性而损害了更有人性的品质。

国际教育发展委员进而提出要培养完整的人：把一个人在体力、智力、情绪、伦理各方面的因素综合起来，使他成为一个完善的人，这就是对教育基本目的的一个广义的界说；在科学的人道主义中我们看到了这些普遍有效的目的；在理性的发展中，在创造活动中，在社会负责精神中，在寻求个人的智力、德行、情感、体格各个组成部分的平衡状态中，在正确地意识到人类历史命运中，我们都看到了这些教育目的。[②]

在 21 世纪的中国，公民教育的实施理应将人的完整性作为提升公民素养的一个基本要点。实现人的发展的完整性是公民社会的一个重要

① 赵厚勰、李贤智主编：《外国教育史教程》，120 页，武汉，华中科技大学出版社，2012。

② 联合国教科文组织国际教育发展委员会：《学会生存——教育世界的今天和明天》，193～198 页，北京，教育科学出版社，1996。

原则，是衡量社会发展进步的一个标准，也是构建社会主义和谐社会的一个重要支点；反过来看，公民社会的发展进步也有助于培养完整的人，从而有效地提升人的公民素养，使广大公民具备社会各个方面的发展所必需的优良素养。总之，从公民教育的未来趋势来看，人的发展和社会的发展是统一的。

（二）人格健全的人

“人格”是人们经常使用的一个术语，但是这个术语本身极富歧义。由于学科视角的差异，哲学、伦理学、心理学、社会学、法学、文化学等都对这一术语赋予了不同的含义。随着时代的进展，它的含义也在不断演变。《不列颠百科全书》中的解释比较全面：所谓的人格（personality），指的是每个人所特有的思维、情感和行为模式。它包括人的情绪、态度、观念，可在人际交往的过程中明确无误地表现出来。人格即所谓某个人有别于他人的、在社会和人文环境背景上具有可辨别性的行为特点。有些人格成分来自先天遗传，有的则来自学习。[①]

人格的发展是个体社会化的结果。在个体与社会环境交互作用中，一方面由于自我成长的需要，个体从环境中获得满足，人格得以健全发展；另一方面，由于个体受到社会要求的限制，使他在社会适应上产生某些困难和问题，就会形成消极的人格特征，严重的还会导致人格障碍，出现社会化危机。由此可见，健全的人格对于学生的发展是十分重要的。美国的马丁·路德·金（Martin Luther King）就曾经对人格教育给予了很高的评价：“一个国家的繁荣，不取决于它的国库之殷实，不取决于它的城堡之坚固，也不取决于它的公共设施之华丽；而在于它的公民的文明素养，即在于人们所受的教育、人们的远见卓识和品格的高

① 中国大百科全书出版社不列颠百科全书编辑部编译：《不列颠百科全书》（卷13），168页，北京，中国大百科全书出版社，1999。

下。这才是真正的利害所在、真正的力量所在。”①

健全人格的培养，是公民教育的宗旨，也是人类教育历来所孜孜以求的目的。20世纪末以来，世界各国对公民教育日益重视。当下，如何培养或构建学生健全的人格已经成为热点话题，众多学者和团体从各个角度开展了深入的研究。例如1993年，美国SCANS报告（Secretary's Commission on Achieving Necessary Skills）提出了适应现代社会发展需要的包括认知与技能、情感和价值、意志与行为在内的三大方面的人格品质，该报告强调过去往往忽视的情感与意志，不像以往那样只是将人作为纯粹的劳动力来考虑，而是将人作为健全的人格来考虑。又如，在美国广泛开展的一项儿童发展计划（Child Development Project），其主要目标是加强儿童的亲社会人格品质。关于人格教育，目前我国的学者已取得一些共识。人格教育的宗旨是使受教育者形成一个健全的、日趋完善的人格，从而把知、情、意统一起来，把德育、智育、体育、美育等诸方面结合起来，促进学生的和谐发展。例如，《历史与社会》课程标准解读指出，对学生而言，人文素养实际上是指经过学习人文社会科学知识而形成的内在素养和品质，其核心是健全的人格。②

从世界各国中小学公民教育的发展趋势来看，健全人格的培养主要包括以下几个方面：

● 合理的需要结构，这是人的活动积极性的源泉；

● 积极进取的人生价值观，这是人格的核心，决定着人对世界的看法、人生的追求和行为的基本倾向，中国当前社会发展正处于赶超的关键时期，这迫切需要全体国人形成积极进取、奋发向上的人生价

---

① ［英］塞缪尔·斯迈尔斯著，刘曙光等译：《品格的力量》，1页，北京，北京图书馆出版社，1999。

② 朱明光：《历史与社会课程标准（二）解读》（实验稿），27页，北京，北京师范大学出版社，2002。

值观；

● 良好的意志品质，这是人的活动的控制系统；

● 健康的自我观，即对自己的健康的态度，如自信、自立、自强、自律、自治等；

● 合理的世界观，即对客观现实的合理看法，主要包括关于人的人道主义观念、关于社会的进步观念、关于国际社会的国际理解观念等；

● 有效的认知风格、思维方式、创造性，这是理智维度的最重要的要求；

● 良好的情绪品质。①

（三）个性化的人

促进公民的社会性发展是公民教育的首要任务，这一点也是由公民教育的本质所决定的，因而，公民的社会性发展是第一位的，但是，社会性和个性之间又是密不可分的，二者既对立又统一，个性内在地包含着社会性。正确、深刻地理解和把握社会性和个性的关系，是我们在公民教育中尊重个性、发展个性的试金石。

马克思理论深刻地指出："人的本质不是单个人所固有的抽象物。在其现实性上，它是一切社会关系的总和。"② 公民教育就是围绕"人与人的关系"这个中心内容，促使学生社会性逐渐发展，实现学生的社会化。一般而言，社会性发展旨在通过个体获得社会经验的过程，形成一定社会所认可的心理及行为模式，实现由自然人向社会人的转变。一个人的社会性发展程度如何，直接决定着其整体的发展水平，对人的成

① 陶本一：《学科教育学》，70页，北京，人民教育出版社，2002。

② 中共中央马克思恩格斯列宁斯大林著作编译局编译：《马克思恩格斯选集》（第1卷），56页，北京，人民出版社，1995。

长具有举足轻重的影响。过去我们的教育不太重视学生的社会性发展问题，其主要原因是传统社会结构的封闭性和知识本位观念的影响，随着时代的发展，这一问题已经直接触及国民素养的提高、国家的竞争力和可持续发展等重大问题，直接关涉道德教育的针对性、时效性，以及学生个体能力的开发和均衡发展等教育方面的具体问题，以至于不能不设立具体的课程，实施系统的社会化训练，以促进所有学生的社会性发展。

社会化又是一个非常复杂的过程，因为人的“社会化进程是产生于我们的文化的每一个细胞的影响和结果相互发挥作用的过程，这些细胞有：家庭、机构、语言及与其他单位的相互作用等。”[①] 有学者指出，为了完成这样一个复杂的过程，社会化的过程需要在两个水准上交互推进：在社会水准上进行的社会化过程；在个人水准上进行的社会化过程。前者被称为“文化的传递”，它的社会化行动方式是代代相传；后者被称做“个人的学习”，它是包括一定的传统素养，并依据每个人后天的经验所进行的有选择地学习，这种学习的特点，其一是习得在允许范围内的行动能力，其二是承认个体之间的差异性，因为它更为关注每个人在不同年龄阶段获得发展的质量，把社会化视为完成这个“发展性课题”的过程。[②]

所谓“个性”，一般是指社会中的每个个体区别于其他个体的固有特性。这些特性是有机的整体，作为一个整体显示出独特的倾向。[③] 在新的时代背景下，我们提出：没有个性，就没有教育，培养人的个性成

① 中央教科所比较教育研究室编译：《简明国际教育百科全书·人的发展》，447页，北京，教育科学出版社，1989。

② 赵亚夫：《学会行动——社会科课程公民教育的理论与实践》，104～105页，北京，高等教育出版社，2004。

③ 钟启泉、张华主编：《世界课程改革趋势研究（上卷）》，13页，北京，北京师范大学出版社，2001。

为世界各国教育改革的共识和共同追求。个性的发展与培育，首先离不开“个体差异”这个前提，所以尊重儿童的差异性是教育教学必须遵循的基本原则。其次，个性又是“社会的有效性”，换一句话说，个性之所以成为个性，还在于个体作为社会的一员在社会各个领域中的角色和起到独特作用的社会性质，社会的丰富性是直接由人的个性丰富性构成的，社会财富也是由人创造出来的，只有人们的个性得到充分发展，才能具有巨大的创造力，从而带来社会的繁荣。因此，人的个性是人类社会走向繁荣的一个根本条件，压制个性的社会必然是一个贫乏的社会。正如约翰·密尔（John Stuart Mill）所说：“一族人民是会在一定长的时期里前进一段而随后停止下来。在什么时候停止下来呢？在不复保有个性的时候。”①

从培养公民的视角来看，个性内在地包含着社会性。对此，法国社会学家涂尔干（Emile Durkheim）深刻地指出：“确实，我们的个性并不是一种空洞的形式。它是由某些从外部来到我们身上的因素组成的。如果把一切源于我们身外的东西都从我们这里拿走，能够留下的会是什么呢？”② 从这个意义上看，公民教育的本质就是将学生的兴趣、经验以及参与过程作为其个性与社会性发展内在联系的工具，并据此将课程任务和国家发展的总政策统一起来，从而达成提升公民素养的教育目的。它“向每个人提供的并为一切人所共有的最低限度的知识、观点、社会规则和经验。它的目的是使每个人能够发挥自己的潜力、创造性和批判精神，以实现自己的抱负和幸福，并成为一个有益的公民和生产

---

① ［英］约翰·密尔著，程崇华译：《论自由》，76页，北京，商务印书馆，1959。

② ［法］爱弥尔·涂尔干著，陈光金等译：《道德教育》，325页，上海，上海人民出版社，2001。

者，对所属社会发展贡献力量。”①

21世纪，随着知识经济、信息化社会的来临，个性化成为与这个时代的价值观、发展观相适应的生存方式。从某种意义上说，21世纪的标志就是“个性化”。从宏观上来看，个性化强调的是尊重政治的多极化、文化和物种的多样化；从微观上来看，个性化强调的是尊重个体的人权、选择权和个性的多样性发展。而无论是宏观上的个性还是微观上的个性，都离不开人的培养的问题。培养学生的个性，最重要的是给予学生充分的自由发展的空间。公民教育的根本目标是培养合格公民，这个目标对学生的发展做出了基本的层次方面的定位，也为学生的个性发展留出了充分的“社会期望”。因此，培养学生的个性，促使他们成为个性化的人，必然成为公民教育的时代使命。

---

① ［瑞士］查尔斯·赫梅尔，王静、赵穗生译：《今日的教育为了明日的世界》，130页，北京，中国对外翻译出版公司，1983。

第五章　云南民族地区中小学生公民意识调查设计与实施

国内外相关研究表明，公民意识是近代宪政的产物，随着时代的发展，公民意识已经成为现代社会意识的一个重要组成部分。从一般意义上看，公民意识作为一种现代社会意识，是指公民个人与国家、社会、政治、经济和其他公民等活动主体之间权利、义务与责任的一种心理认同、理性认识和现实感受。根据课题研究的需要，在以上文献综述的基础上，我们把公民意识界定为：作为社会生活的主体，公民在民主政治制度的指导下，对国家、政治、社会、经济、自身及他人等关系的理性认识和心理认同，它是以公民行为为价值取向，以公民的权利和义务意识为核心，融公民主体的权利观、义务观和责任感为一体的自我认识。

一、调查问卷的编制

（一）公民意识的构成要素

关于现代公民意识的构成要素问题，我国学术界历来争议较大。我们在分析已有观点的基础上，根据现代社会发展的要求，结合中小学生的心理、认知、行为等特点，认为公民意识的构成要素主要包括：国家意识、主体意识、权利与义务意识、道德意识、法治意识。

1. 国家意识

国家意识是公民意识教育的重要组成部分。国家意识是指公民长期生长、生活在国家中，形成公民对国家主权、国家利益、国家尊严、国家统一、民族团结等关系的认知，体现为国家归属、国家认同、民族认同和心理情感等方面的意识。它包涵了国家主权意识、国土意识、爱国意识、民族自豪感、忧患意识、国际平等意识等。公民是国家的真正主人，公民是改造和发展国家的主体，国家未来的命运与每一个公民息息相关。

2. 主体意识

主体意识是现代公民所具备的一种心理意识，是公民意识的基本形态。所谓主体意识是指现代公民具有自由的意志、独立的人格和完整的主体性，能够处理自己与国家的关系，即有意识地、积极主动地参与国家公共事务和政治活动，充分行使宪法赋予公民的权利，同时也履行一定的义务。公民主体意识主要包括，身份意识、自主意识、自由意识、创新意识、个性意识、合作意识和竞争意识。公民会处理好自身与国家、社会、集体、他人的关系，明确自身在不同生活领域的角色价值、赋予的权利和履行的责任、义务，发挥自身的价值。

3. 权利与义务意识

权利与义务意识是公民社会活动的实体内容，是公民意识的核心要素。权利意识是指特定社会的成员对自我利益和自由的认知，以及对他人主张、要求和维护权利的行为及观点的社会评价①，是公民作为国家和社会主人的具体体现。义务意识是指公民的社会责任意识，是公民意识的理性化体现，即对自己应当承担的社会义务的认可，以及对社会基本义务的遵守和执行。② 具体表现为自由权、生命权、财产权、选举

① 张康之：《论权利观念的历史性》，载《教学与研究》，2007（1）。

② 潘建甫：《农民工公民意识现状分析与对策研究》，7 页，郑州，郑州大学硕士学位论文，2007。

权、被选举权、监督权、言论自由权、社会政治参与权、社会义务意识等。权利和义务是统一的，其统一性是现代公民意识的重要成分，现代公民在享有权利的同时也必须履行相应的义务。

4. 道德意识

公民道德意识是指公民对自身在国家所处身份地位的价值观念、思想行为及处事态度的情感归属和心理认同。道德意识是公民意识的基础。道德意识包括：遵守公共秩序、讲文明讲礼貌、诚信意识、公心意识、公德意识、尊老爱幼意识、信息文明意识、节俭意识、生态环境意识、公共卫生意识、公共安全意识。特别是在青少年时期，拥有崇高的道德意识和精神追求，有利于他们长大以后成为新时代社会主义和谐社会的建设者和好公民。

5. 法治意识

法治意识是现代公民通过对国家及各级地方颁布的法律、规章、条例的理解，深刻地把法律和法治信念融于自身的头脑之中，运用法律意识对公民所处环境进行约束和规范治理意识。法治意识包括：民主意识、法制意识、公正意识、平等意识、维权意识等。培育公民法治意识最主要的途径是开展法制教育，通过法制教育使公民对法律观念、法律知识、法律情感和法律信仰有了更深层次的了解与认识，树立法律至上的观念。

（二）调查问卷的设计

在文献梳理与理论分析的基础上，通过演绎与归纳相结合，我们将“公民意识”这一概念进行层层分解，确定其构成维度或二级变量为公民的国家意识、主体意识、权利与义务意识、道德意识、法治意识。具体如下图 5－1 所示：

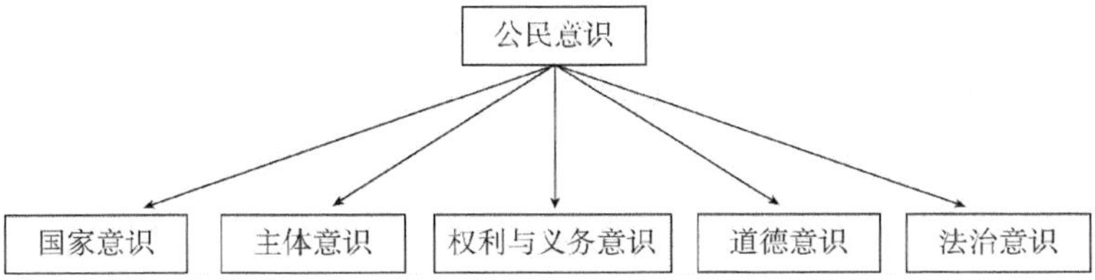

图 5－1　中小学生公民意识二级变量分解图

在此基础上，再将二级变量进行进一步的分解，确定三级变量。如下图 5－2 所示：

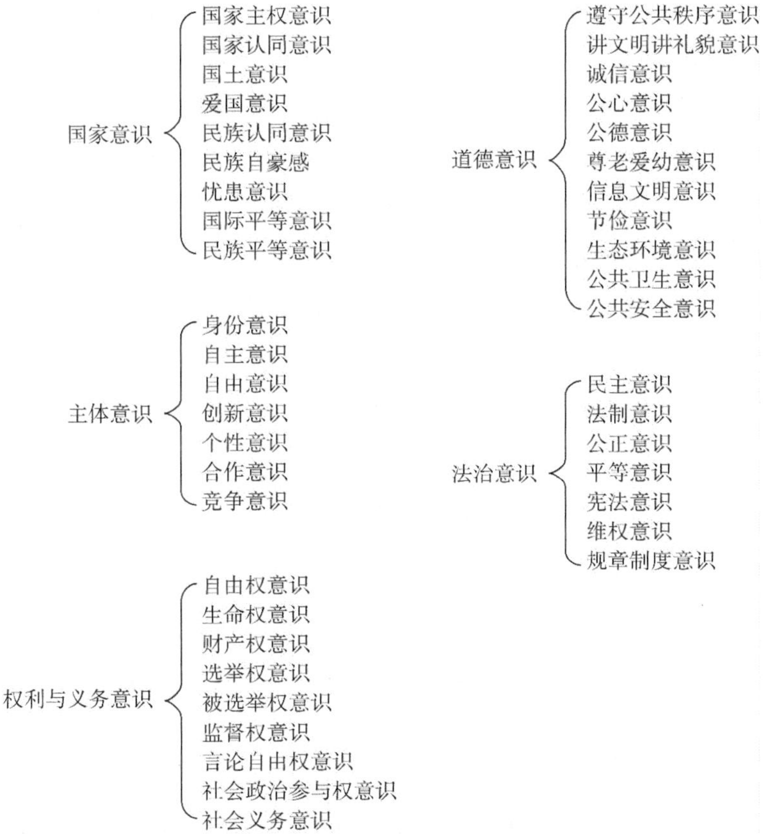

图 5－2　公民意识三级变量明细分布图

为测定我们确定的三级变量是否涵盖了公民意识的各个要素，我们参照了何齐宗教授等著的《青少年公民意识教育研究》[①]、汪玲编制的《湖北省公民意识调查问卷》[②] 及刘启红编制的《中学生世界公民意识调查问卷》[③]，编制了云南少数民族地区中小学生公民意识调查问卷，分为“事实题”和“态度题”。“事实题”主要包括被试性别、民族、出生年份、年级、学校、家庭住址等。“态度题”主要是指把本研究公民意识的三级变量转化成现实生活中的具体问题，答案从“非常赞同”“赞同”“不赞同”“非常不赞同”四个态度答案中选择一个。并且随机编排题目的顺序，避免出现多个同一级变量问题及反向问题趋近，以免给被试造成干扰。

关于调查问卷的修改。本次问卷经过了三次较大幅度的修改、多次小幅度的修改与讨论。调查问卷初稿形成后，请专家给予问卷维度及陈述方式等方面的指导与批评，然后根据专家的意见，对每个题目的语言表述进行斟酌与推敲，将原来的 50 个题目整合为 45 个题目。调查问卷经过三次较大幅度的修改后，在云南民族中学[④]进行了预调查，有 136 名中学生参与了此次调查。对预调查问卷进行分析后，剔除无效的题目，将正式调查问卷整合为 43 个题目。

---

① 何齐宗：《青少年公民意识教育研究》，北京，中国社会科学出版社，2011。

② 汪玲：《初中生公民意识现状及教育对策研究》，武汉，华中师范大学硕士学位论文，2011。

③ 刘启红：《全球化时代中学生世界公民意识现状与世界公民教育》，南京，南京师范大学硕士学位论文，2011。

④ 该学校的全称即“云南民族中学”。

二、问卷调查的抽样

本次问卷调查的范围是云南少数民族地区，即云南省 8 个少数民族自治州[①]（后用简称）。本研究采取分层抽样的方法，对 8 个少数民族自治州的中小学校进行抽样，根据教育质量的高低兼顾城乡学校的类型，在每个自治州抽取一所具有典型性的学校为样本，共抽取学校 8 所，分别为：文山州西畴县鸡街乡王家塘小学、红河州元阳县马街乡马街中学、怒江州泸水县第一中学、大理州大理市大理镇第二初级中学、楚雄州楚雄市环城小学、迪庆州民族中学、西双版纳州民族中学、德宏州民族第一中学。在正式问卷下发前，为了检测问卷是否具有良好的项目区分度、信度与效度等，是否符合调查工具的使用要求，结合当地的实际情形及本次研究的需要，我们选取了云南民族中学进行预调查。

三、调查问卷的回收与处理

（一）预调查问卷的回收与处理

课题组于 2015 年 5 月 2 日前往云南民族中学发放问卷，抽取云南民族中学的部分学生为被试，利用自习课时间将问卷发给学生，以班级为单位，团体施测，预调查问卷完成时间约为 10 分钟。此次共发放问卷 140 份，回收问卷 136 份。其中有效问卷 115 份，有效率为 84.6%。预调查有效问卷人数具体分布情况如下表 5－1 所示：

① 云南省八个少数民族自治州分别为：楚雄彝族自治州、大理白族自治州、德宏傣族景颇族自治州、迪庆藏族自治州、红河哈尼族彝族自治州、怒江傈僳族自治州、文山壮族苗族自治州、西双版纳傣族自治州。

表5-1　预调查有效问卷人数分布一览表

学校名称	学生类别	年级	性别		缺失（人）	合计（人）
			男（人）	女（人）		
云南民族中学	初中生	初一	11	12	12	35
		初二	9	2	0	11
		初三	12	12	5	29
	高中生	高一	11	14	3	28
		高二	13	13	1	27
		高三	3	3	0	6

预调查问卷回收之后，我们将搜集来的数据输入计算机并整理，使用软件SPSS17.0进行项目区分度分析与因素分析，筛除项目区分度不明显及不符合因素分析各项指标的项目，初步确定问卷项目，然后进行问卷效度与信度分析。最后重新调整、修改，确认正式问卷，以便实施正式的调查。

（二）正式调查问卷的回收与处理

根据计划，课题组于2015年6月—7月对云南省8个少数民族自治州的中小学生进行了实地调查。根据课题组成员分工情况，专门指派一位成员负责一所学校的问卷调查，并联系被调查学校的合作教师。调查开始之前，我们对被调查的8个中小学校的合作教师进行网络培训和电话培训，使他们增强合作意识，掌握问卷调查的基本程序和要求，最终能够客观、真实、高效地完成本次问卷的发放和回收工作。

本次调查共发放问卷1600份，每所学校分别发放问卷200份，回收问卷1585份，其中有效问卷1449份，回收率为99.1%，有效率为91.4%。具体样本学校有效问卷人数分布如表5-2所示：

表 5－2　样本学校有效问卷人数分布一览表

学校	人数（人）	所占总人数百分比（%）
楚雄州楚雄市环城小学	186	12.8
大理州大理镇第二初级中学	188	13
德宏州民族第一中学	188	13
迪庆州民族中学	171	11.8
红河州马街中学	180	12.4
怒江州泸水县第一中学	195	13.5
文山州王家塘小学	173	11.9
西双版纳州民族中学	168	11.6
总计	1449	100

本次调查的范围是云南少数民族地区，被调查学生的民族成分涉及汉族和少数民族。通过观察下图 5－3 发现，被调查学生涉及汉族和 20 个少数民族，其中，汉族学生的比例最高，占到 32.3%，其次是白族占 17.4%，再次是傣族占 9.5%。云南省人口 5000 以上的少数民族有 25 个，本次调查涉及其中的 20 个，占比 80%。这说明，本次调研选取的样本是适宜的、合理的。

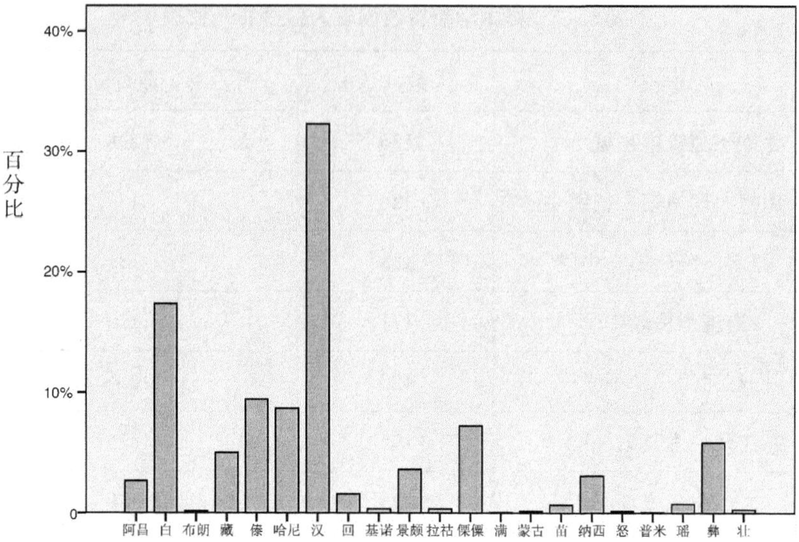

图 5－3　被试学生民族分布图

调查问卷回收之后，我们将搜集来的数据输入计算机并整理，使用软件 SPSS17.0 和 AMOS4.0 进行探索性因素分析、验证性因素分析及信效度检验。

四、问卷调查数据检验

在对调查数据检验之前，我们遵照严格的数据录入管理程序，采用统计分析的专业化软件 SPSS17.0，实时交叉检查双录的录入模式；严格控制错误率在 0.05% 以下的数据审核标准，保证录入数据的质量。

录入完成后，对数据重新赋值，正向题“非常赞同”赋值为 4、“赞同”赋值为 3、“不赞同”赋值为 2、“非常不赞同”赋值为 1；反向题“非常赞同”赋值为 1、“赞同”赋值为 2、“不赞同”赋值为 3、“非常不赞同”赋值为 4。以便严格遵照心理测量学、教育统计学、教育测量学的要求来完成问卷的检验与分析。

（一）预调查数据检验

1. 项目区分度分析

本研究中，项目区分度指标主要为：高低分组的差异显著性检验。将各项目的得分相加构成公民意识总分，将其从高到低按序排列，取27%（32人）的高分端被试组成高分组，27%（32人）的低分端被试组为低分组，然后就每一个项目进行高分组与低分组之间的T检验。结果发现，第1、16、30、31、33、34、42题和41题中第2问题这八个题目的差异显著性系数 $p > 0.05$，说明此项目的高低分组间的差异不显著，没有鉴别度，都应予以删除。其余37个项目的高低分组之间的差异都显著（$p < 0.05$），有鉴别度，都应予以保留。

2. 探索性因素分析

经过项目区分度分析筛选，保留37个项目做探索性因素分析，以确定中学生公民意识调查问卷的维度数目、维度名称及各维度下的项目。采用的数据来自云南民族中学的115份有效被试数据。

因素分析之前先进行采样充足性检验（Kaiser - Meyer - OLkin, KMO①）和Bartlett's球状检验②。KMO值越大，表示变量间的共同因素

① KMO（Kaiser - Meyer - Olkin）检验是用于比较变量间简单相关系数和偏相关系数的指标。KMO统计量取值在0和1之间。当所有变量间的简单相关系数平方和远远大于偏相关系数平方和时，KMO值接近1。KMO值越接近于1，意味着变量间的相关性越强，原有变量越适合作因子分析。当所有变量间的简单相关系数平方和接近0时，KMO值接近0。KMO值越接近于0，意味着变量间的相关性越弱，原有变量越不适合作因子分析。

② Bartlett's球状检验（巴特利特球状检验）用于检验相关阵中各变量间的相关性是否为单位阵，即检验各个变量是否各自独立。进行因子分析前，首先应该进行KMO检验和巴特利特球状检验。在因子分析中，若拒绝原假设，则说明可以做因子分析；若不拒绝原假设，则说明这些变量可能独立提供一些信息，不适合做因子分析。

越多，越适合做因素分析。一般认为，KMO 的值小于 0.50 时较不宜进行因素分析，在 0.80 以上适合做因素分析。

KMO 检验的准则标准认为，因素分析的题项数最好不要超过 30 题。根据这一准则标准，结合预调查问卷的实际，我们除去第一层面的 1 题、16 题这两个没有鉴别度的题目，最后采用剩下的 27 个题目。本研究 KMO 值为 0.805，说明样本量充足，适合做因素分析及 Bartlett's 球状检验；本研究球形卡方检验值为 1007.770（自由度 = 351，p = 0.000），表明变量内部有共享因素的可能性，也满足因素分析的条件。如表 5 – 3 所示：

表 5 – 3　预调查数据 KMO 检验和 Bartlett's 球状检验

KMO 采样充足性检验值		0.805
Bartlett's 球状检验	球形卡方检验值（Approx. Chi – Square）	1007.77
	自由度（df）	351
	显著性值（Sig.）	0.000

根据以下标准确定因素的数目：（1）因素的特征值（eigenvalue）>1；（2）因子提取符合陡阶检验（serene test）的图形特征（图 5 – 4）；（3）因素在理论上具有可解释性，抽出的因素在旋转前至少能够解释 3% 的变异。用主成分分析法（principle factor analysis）提取因子，采用方差极大正交旋转法（varimax）对因素负荷矩阵进行旋转，未转轴前的数据累积解释变异数的百分比为 59.272%，转轴后的累积解释变异数的百分比也为 59.272%。这说明，以上题目符合结构效度的要求及调查问卷设计的五个维度划分模式。即，因素转轴后的共同性与转轴前的共同性一样，题目的共同性不因转轴而改变；转轴后，被所有共同性因素解释的总变异量不变，特征总和不变。

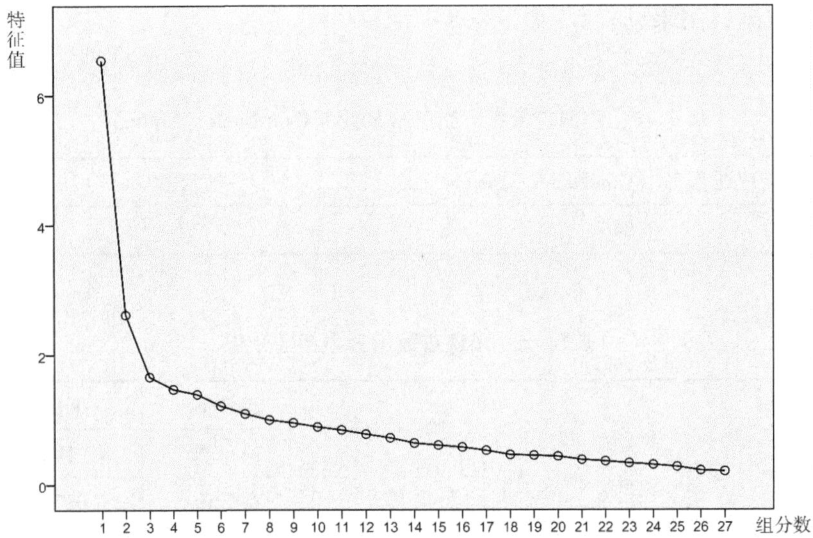

图 5－4　公民意识预测问卷碎石图

3. 预调查问卷信度分析

信度指的是测量结果的一致性或稳定性。本研究采用克朗巴哈系数（Cronbach's Alpha）①、分半系数②作为信度指标。

一般认为，在0.60以上是可接受的最小信度值。如果研究者编制的研究工具的信度低于0.60，应重新修订研究工具或重新编制较为合适。在这里，我们采取克朗巴哈系数（Cronbach's Alpha）及分半系数

① 克朗巴哈系数法（Cronbach's Alpha）是目前人文社会科学研究最常用的一种信度分析方法。一般探索性研究要求该系数在0.6以上，基准研究要求在0.8以上。通常情况下，该系数在0.6以上，被认为可信度较高。

② 分半信度是常用信度检验方法之一。它反映测验项目内部一致性程度，即表示测验测量相同内容或特质的程度。具体分析是在测验后将测验项目分成相等的两组（两半），通常采用奇偶分组方法，即将测验题目按照序号的奇数和偶数分成两半，然后计算两项项目分之间的相关。相关越高表示信度高，或内部一致性程度高。

分析数据，结果见表 5 -4 和表 5 -5：

表 5 -4　预调查数据克朗巴哈系数（Cronbach's Alpha）

克朗巴哈系数（Cronbach's Alpha）	项目数
0.846	37

表 5 -5　预调查数据分半系数分析

<table>
<tr><td rowspan="5">克朗巴哈系数（Cronbach's Alpha）</td><td rowspan="2">第一部分</td><td>有效值</td><td>0.806</td></tr>
<tr><td>项目数</td><td>19a</td></tr>
<tr><td rowspan="2">第二部分</td><td>有效值</td><td>0.719</td></tr>
<tr><td>项目数</td><td>18b</td></tr>
<tr><td colspan="2">总体项目数</td><td>37</td></tr>
<tr><td colspan="3">两部分相关系数</td><td>0.581</td></tr>
<tr><td rowspan="2">斯皮尔曼 - 布朗系数
（Spearman - Brown Coefficient）</td><td colspan="2">等长值</td><td>0.735</td></tr>
<tr><td colspan="2">不等长值</td><td>0.735</td></tr>
<tr><td colspan="3">古特曼分半系数（Guttman Split - Half Coefficient）</td><td>0.735</td></tr>
</table>

a. 表示 2 题到 21 题

b. 表示 21 题到 43 题

通过以上分析可以得出，预调查问卷的克朗巴哈系数（Cronbach's Alpha）总体信度为 0.846，各题项的信度在 0.838 ~ 0.854 之间，已达到研究工具的信度要求；分半系数为 0.735 >0.6（见表 5 -5），在可以接受的测量范围之内。两种信度系数分析均达到研究工具的指标要求。这说明本研究中小学生公民意识调查问卷和维度模型是稳定的和可靠的。但是，仍有一些问题有待进一步修改与完善。

首先，在个人信息方面。(1) 补充出生年份。(2) “家庭住址” 修改成"城市""城郊/乡镇""农村"三个变量选项。因为从预调查的问卷可以看出，出于个人隐私考虑，大多学生不愿意配合写出家庭住址，为此作上述修改。

其次，在具体题项上。第1、16、30、31、33、34、41、42题没有鉴别度，亟待修改。具体来说，在以上的研究分析中，删除这8个题目不会影响题目的因素分析与信度分析；如果这45个题目全部分析得到的Cronbach's Alpha信度为0.799，各题目的信度在0.785～0.807之间，分半系数为0.652，两种信度系数分析均达到研究工具的信度要求，而且也达到结构效度检验的标准。符合学者荣泰生所说"信度是效度的必要条件，而非充分条件；无信度，则无效度，但有信度，未必有效度"。[①] 可见，这8个题目具有一定的效度和信度，只不过区分度略微低一些，但在研究工具使用中不会给研究工具的主旨带来误区。为此，有必要对这8个题目的设置进行修改。

最后，根据预调查问卷的细致分析，结合调研的实际需要，调查问卷最后修订为四点量表题型和单项选择两部分题型。

4. 预调查问卷的修改

为了使正式问卷更加符合调查工具的使用要求和规范，以便获得更加真实的第一手资料，我们对预调查问卷中的一些题目做了细致的修改，修改后的调查问卷请见附录。

（二）正式调查数据检验

1. 信度分析

采用克朗巴哈系数（Cronbach's Alpha）及分半系数分别对正式调查问卷各维度及问卷总体之间做内部一致性信度重测检验，结果见表5－6，从

---

① 荣泰生：《AMOS与研究方法》，78页，重庆，重庆大学出版社，2009。

表中数据可以看出，中小学生公民意识正式调查问卷具有较好的信度。

表 5－6　中小学生公民意识调查问卷信度分析

因素	克朗巴哈系数（Cronbach's Alpha）	分半系数	项目数
国家意识	0.731	0.784	9
主体意识	0.711	0.722	7
权利与义务意识	0.746	0.710	9
道德意识	0.752	0.770	11
法治意识	0.771	0.717	7
问卷总体	0.872	0.786	43

2. 效度分析

本研究以内容效度和结构效度两个效度指标来对问卷进行效度分析。

本研究内容效度是指问卷题目是否涵盖了它所要测量公民意识观念的各个维度。正式调查问卷题目的设置是在搜集国内外相关文献资料等理论分析及调研的基础上，自下而上、深入细致编制而成，同时我们也对比了全国优秀硕士、博士论文的相关研究、文献及量表。量表编制及题目的设计依据多方意见，经过多次反复结构性推敲、语气修改及多方论证和筛选而成一体，以保证问卷的内容效度。

本研究在采用结构效度分析之前，首先进行 KMO 采样充足性检验和 Bartlett's 球状检验。前文也已经提到，KMO 的值小于 0.50 时较不宜进行因素分析，在 0.80 以上适合做因素分析。通过观察表 5－7 可知，本研究 KMO 值为 0.935，说明样本量充足，适合做因素分析及 Bartlett's 球状检验；本研究球形卡方检验值为 15037.07（自由度＝903，p＝0.000），说明变量之间存在相关，内部有共享因素的可能性，适合进行因素分析。即，本研究正式调查数据达到效度分析的首要条件。

表 5－7　正式调查数据 KMO 检验和 Bartlett's 球状检验

KMO 采样充足性检验值		0.935
Bartlett's 球状检验	球形卡方检验值（Approx. Chi－Square）	15037.07
	自由度（df）	903
	显著性值（Sig.）	0.000

其次，采用主成分分析法抽取公共因素，求得初始负荷矩阵，再用正交旋转法求出旋转因素负荷矩阵，经观察碎石图（图 5－5）可知，经数据分析因素的划分标准与本研究的五维度结构分布一致。表明变量内部有共享因素的可能性，也满足因素分析的条件。

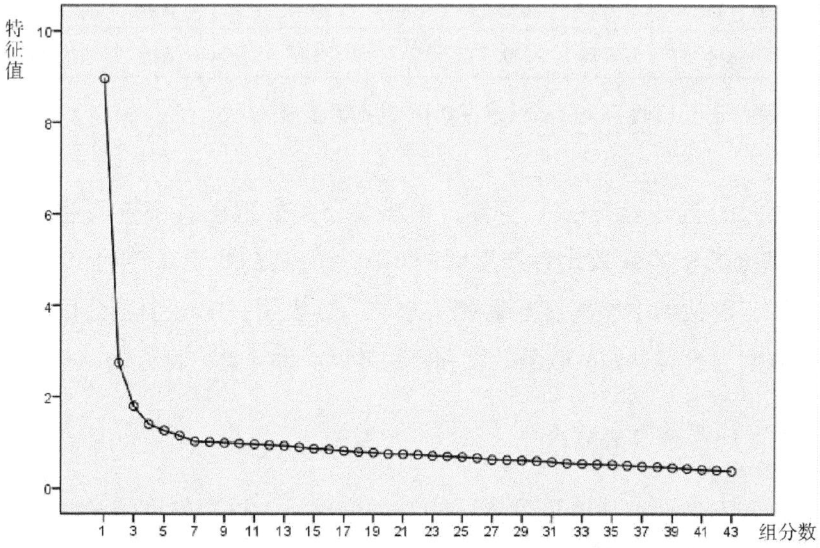

图 5－5　中小学生公民意识正式调查问卷碎石图

最后，对结构效度的检验采用收敛效度和区别效度两个效度指标来检验。即，判断收敛效度和区别效度是否达到要求的标准是通过题目和因素之间的相关系数来检验。如果题目与其所属因素之间的相关系数高，则具有好的收敛效度；如果题目与其他因素之间的相关系数低，则具有好的区别效度。对于分问卷和总问卷来说，如果各维度与总分的相关系数超过各维度之间的相关系数，说明量表的结构效度良好。

表5-8　公民意识总体与五维度之间的相关矩阵

因素	国家意识	主体意识	权利与义务意识	道德意识	法治意识
国家意识	1				
主体意识	0.512**	1			
权利与义务意识	0.548**	0.517**	1		
道德意识	0.549**	0.592**	0.586**	1	
法治意识	0.499**	0.443**	0.583**	0.536**	1
问卷总体	0.778**	0.773**	0.818**	0.846**	0.744**

**双侧显著性检验相关分析结果在0.01的水平上显著。

通过分析（表5-8）可知，中小学公民意识正式调查问卷总体与五个维度的相关系数比各维度间的相关系数高，处于0.744~0.846之间，而且都达到中等程度显著相关水平。这表明，中小学生公民意识正式调查问卷具有良好的收敛效度和区别效度。即，具有良好的结构效度。

（三）调查问卷结论

通过对本研究调查问卷进行的心理测量学、教育测量学及教育统计学分析，本研究获得如下结论：

首先，《中小学生公民意识调查问卷》包括“国家意识”“主体意识”“权利与义务意识”“道德意识”“法治意识”五个维度，问卷结构验证了公民意识构成要素理论构建的合理性。

其次，《中小学生公民意识调查问卷》具有良好的信度和效度，可以作为测评云南民族地区中小学生公民意识调查的有效工具。

五、访谈调查设计与实施

（一）访谈对象

课题组按照研究目的采用分层取样法，选取具有样本的代表性，抽取能够为本研究提供最大信息量的研究对象，并从被访者的性别、年龄、职称、学历、是否为班主任等维度分析，最终选定云南民族中学的访谈对象为12名，其基本情况见表5-9：

表5-9　被访谈教师情况一览表

教师	性别	年龄（岁）	学历	职称	是否班主任	所教学科
A教师	男	40	本科	中教高级	是	体育
B教师	女	33	研究生	中教一级	是	物理
C教师	女	39	本科	中教一级	是	语文
D教师	男	50	本科	中教高级	是	政治
E教师	男	37	本科	中教一级	是	历史
F教师	男	50	本科	中教高级	是	化学
G教师	男	40	本科	中教高级	是	数学
H教师	女	52	本科	中教高级	是	语文
I教师	女	50	本科	中教高级	否	物理
J教师	男	26	本科	中教二级	是	信息技术
K教师	女	35	本科	中教一级	是	英语
L校长	男	37	研究生	中教一级	是	信息技术

（二）访谈方式

本研究采用的是半结构式访谈、个别访谈与直接访谈相结合的访谈模式。半结构式访谈能获得客观的结果，又具有深度，因此能搜集其他方法很难获得的有价值的资料。[①] 个别访谈与直接访谈相结合的好处是，访谈者与被访者进行一对一的面谈，整个访谈过程不受第三者的影响，这样可以使访谈者与被访者有更多的交流机会，使访谈内容更易深入。同时，在面对面的交谈中，访谈者可以洞察被访者的表情、神态、动作等非言语行为。[②]

---

① BORG，E. R. *Educational Research*，New York：Longman. 1983，PP. 114 – 115.

② 王传金：《教师职业幸福研究》，75 页，上海，上海师范大学博士学位论文，2008。

第六章　云南民族地区中小学生公民意识访谈调查分析

质性研究写作对资料整理的要求是比较严格的，通常认为所有的话语、字词都是资料，需要将全部内容一字不漏地整理出来。有时，在整理资料时我们认为不重要的资料可能今后在分析资料时被发现有非常重要的价值。[①] 为此，在每次访谈结束后，我们都会立即对录音进行细致地、全面地整理。

访谈资料分析指的是对访谈时所录音搜集来的原始资料进行“打散”“重组”“浓缩”的细致加工，最终目的是使原始资料能够对研究问题进行有意义的解释，并使这些资料逐步趋于系统化和条理化的过程。本研究分析访谈资料采用类属分析和情境分析两种分析方法。“类属分析是指在收集原始资料中寻找反复出现的观点与现象以及能够解释其观点与现象的分析过程。在其过程中，把具有相同属性的资料归于同一类别，并以其属性概念命名。情境分析指的是将资料还原于当时所处的情境之中，按照事物发生的时间顺序对有关事件和人物进行描述性的分析。”[②] 类属分析使我们明晰事物的层次和结构，情境分析为类属分

---

① 陈向明：《教师如何作质的研究》，161 页，北京，教育科学出版社，2001。

② 陈向明：《质的研究方法与社会科学研究》，290 页，北京，教育科学出版社，2000。

析增加血液，只有将两者相结合起来，才能达到共时性和历时性相统一的效果。我们首先将访谈资料按照变量属性进行归类，然后分门别类地加以分析。

在进行访谈之前，我们先向被访者介绍本次访谈提纲的主旨、意图以及访谈内容的整体概况，以便被访者能够有充足的时间加以思考，更好地回答问题。在本次访谈调查中，应被访者的要求，用英语字母来代替他们的真实姓名。本次访谈调查，可以总结、归纳为以下几个内容。①

一、学校重视学生公民意识的培育

A 教师：比较重视。作为学生是受教育者，学校要求首先学会做人，再来学习。学校对德育工作、班主任教育管理工作都比较重视。学校是比较特殊的环节，我们学校有 36 个民族的学生，云南省才有 25 个民族。② 人与人之间要学会包容，友好相处。各民族之间交叉居住，不把同一民族的学生放在一起居住。这样有利于学生包容别人，及其生活理念、民族差异。教育学生一定要互相尊重，互相帮助。

B 教师：十分的重视。从国家意识层面来说，每个学校都应该重视的，这样对学生的归属感是十分重要的。我们学校是民族学校，对民族教育比较重视。例如：采取军事化的封闭式管理。很多军校是我们学校的教育实习基地，对学生的影响很大，很多学生都想考取军校（这是从长远的培养目标来说的）。学校的贫困学生很多，对学生的感恩意识、责任感培养比较重视。

---

① 出于文字规范性考虑，作者对部分访谈内容进行了少量字面修改，但均不改变被访者本意。

② 准确的说法应是：云南省人口 5000 以上的少数民族有 25 个。

C 教师：还是重视的。体现在让学生参与所在区县人大代表的选举，参加成人仪式，给予学生的一定的权利，对于学生提出的意见给予一定的回馈。

D 教师：非常重视的。体现在一是教科书的层面，按照教学大纲[①]要求教授学生；二是活动的层面，例如每周的升国旗仪式，是爱国情操的具体体现。

E 教师：比较重视。学校是个特殊性机构，学生大部分都来自各个地州，少数民族学生比较多，学校正因为学生生源的特殊性，意识到在这样一个封闭式的环境中，不加强这方面的教育可能会对学生带来负面的影响。应该说在方方面面都比较重视对学生公民意识的培养。具体体现在一是校园主体氛围的理论宣传、建设与强化；二是学生课余文化的开展，特别是社团活动的开展也与公民意识的培育结合在一起。

F 教师：比较重视的。体现在我们的学生干部都是民主选举的，都是一次性的直选。没有哪个是干部的孩子或老师指定的。

G 教师：还是重视的。我认为，体现在学校对学生的生命教育、自我人格教育、三生教育[②]以及人生价值、人生意义这些方面。

H 教师：还是比较重视的。比如说，每年的“520”感恩日、升国旗仪式、安全教育方面的演练等都是学生公民意识培育重视的体现。

I 教师：是重视的。学校没有刻意去做形式上的公民意识课程，而是在课堂上通过老师和同学们的交流中来感染学生的意识。

K 教师：重视的。体现在班会课上着重培养学生的集体荣誉感、毕业后面向社会做人的一些基本知识；学科课堂教学的渗透等。

L 校长：非常重视。学校的教育目标首先是育人，其次是教学；我

---

① 即“课程标准”。

② 从 2008 年开始，云南省从幼儿园到大学的各类学校全面实施了“生命教育”“生存教育”和“生活教育”，即“三生教育”。

们学校提倡先“上”人品再上大学的宗旨。体现在学校举办的“520”感恩日，对贫困学生进行贫困帮助，高三学生围绕滇池徒步5公里宣传滇池的环保，经常到社区进行打扫卫生等，提供一些力所能及的帮助，学校内部有法制副校长、外部有校外辅导员进行法制教育的辅导与宣传。

二、学生公民意识的体现

（一）学生国家认同意识的体现，通过实例说明

E教师：我认为国家认同意识既体现在理论层面也体现在具体细节中，通过点滴细微的实践活动感知学生的实际情况，再给学生具体的引导促进学生的发展。例如：2008年汶川大地震后，学校做了一个全方位的、比较细致的活动，组织学生开展爱心募捐，然后将这种国家认同意识延伸到爱集体、爱家乡。这样一个由国家认同意识延伸到爱家乡、爱集体的活动，是非常有价值、有意义的。

F教师：在学校主要体现就是升国旗仪式上。具体来说，学生对国家责任问题、国家安危问题、国土问题都是比较关注的，很多老师还通过各科的教学在不断渗透这些意识。

G教师：由于大部分学生来自各地州，都是少数民族孩子，从小就在国家的优惠政策扶持下学习、生活，在各方面环境的影响及熏陶下，国家认同意识、民族自豪感还是比较强烈的。这些意识的培育并不在于学校刻意地去塑造，而是伴随学生自身的成长而不断完善。

H教师：就像刚才所说的升国旗仪式，每到周一升国旗学生都自觉列队整齐地来到操场参加升旗仪式，我认为这就是国家认同意识的一种体现。

I教师：我认为，学生在面对外部事物时最能体现国家认同意识。

同学们认真观看、学习航天英雄杨利伟的先进事迹；再如，一旦国家有危难，学生都会心系国家的安危与发展。这些都是国家认同意识的良好体现。

J 教师：我认为，中学生的国家认同意识体现在我校组织的“爱我中华演讲比赛”上，通过这个比赛我们发现，很多学生都争先恐后地演讲，通过自己写的小小文章，可以看出学生们对我们的国家、我们的领导人是多么热爱，这就是国家认同意识的一种深刻体现。

K 教师：中学生的国家认同意识体现在，学生认真参加升旗仪式；学校主办的庆国庆演讲比赛，学生都踊跃报名参加演讲及表演活动；2011 年盈江地震学生主动捐款、捐物；等等。

L 校长：通过学校团委来体现，团委书记经常来做讲座，分析国内国外的形式、中华民族的优秀传统等，通过这些提高学生的公民意识。比如说，升旗仪式，学生一听到国歌就会驻足，面向国旗肃然起敬。

（二）学生自由意识的体现，通过实例说明

E 教师：我觉得我们学校的学生个体自由意识还是能够充分体现的。比如说，学校通过开展团学活动、文体比赛活动、课余文化生活，让学生利用自己的课余时间去发挥、释放自己的自由个性。

F 教师：对于学生的自由意识更多的体现在学校规章制度下的学习上。比如，在早晨的晨读课上，学生可以阅读自己喜欢的书籍；在课外活动时间，可以做自己喜欢做的一些事情，像打篮球、踢足球等。

G 教师：我觉得我们学校学生自由意识还是在正常范围内，学生在学校一定的规则下，能够根据自己的爱好、特长来选择自己的兴趣方向。比如说，周日休息时间，有的学生还是喜欢到教室来看书，我们就根据学生的需要提供相应自习室服务。我认为这充分体现了学生自由意识的特性。

H 教师：就学习方面来说，我校学生可以在课余时间翻阅喜欢的书籍，学生拥有更多的自由学习空间，我认为这就是自由意识的一种体现。

I 教师：我发现很多学生在完成课上布置的作业以外，还主动地、自觉地学习及预习一些课程，能够做到查漏补缺。我觉得这就是一种个体自主性、自由意识的体现。

J 教师：我认为，自由意识应该和学生的个性息息相关。个性外向的学生自由意识可能更强一些，不会过多地考虑一些规章制度，有时会显现出一种过度的自由意识；个性内向的学生在规章制度的约束下自由意识反而不会那么凸显，他考虑事物可能更细致、更多些。所以，我认为自由意识是学生个体自我约束力的一种高度呈现。

K 教师：学生的自由意识体现在思想教育上，我会让学生无拘束地说出自己的想法及观念，听取他的想法及观念后，我会针对他的观念存在的不足及不当之处给予指正。学生的自由意识还体现在学生对自我约束力的控制方面，学习成绩好的学生自由意识比较强烈，能够自主地学习与生活；学习成绩差的学生学习上不积极、不主动，生活上无秩序，攀比心较强，有随大流的现象。

L 校长：通过社团活动自由管理，自主管理，每年组织的大型社团活动，让学生自己组织，自己管理。就拿校服来说，我们要求是周一至周四必须穿，周五可以不穿校服，给学生留下一定的自由空间；新课改来说，提倡自由、民主的师生关系，所以我们的课程讲授，更注重给学生自发的意识。

三、学生公民意识的培育渠道

A 教师：通过电视、广播、书本知识。更多的、更好的还是通过人与人的交流。

E 教师：我认为主要是通过学校德育工作者，像班主任老师、政教处、校团委这些渠道来开展。

F 教师：我们学校是省文明单位，每两年评一次。学校很重视对学生公民意识的培育，主要通过班主任在主题班级例会中培育。其他方面例如，生活习惯、卫生习惯通过学生之间的互相监督、教师监督来培养。

G 教师：在这方面，我感觉一是更多在常规班级例会上直接培育学生公民意识；二是在学科教学的渗透上，尤其是班主任和任课教师的潜移默化作用；三是一些学校活动，例如高原艺术节、体育艺术节等。

H 教师：一是校内活动渠道，如“520”感恩日、升国旗仪式；二是课程渠道，如民族团结教育课，政策法规课；三是外部渠道，学生经常受到各方面的慈善资助以及教育家的奖学金扶助。

J 教师：一方面是通过主题班会、国旗下讲话、爱我中华演讲比赛这些活动渠道上来培育；另一方面是通过老师在课堂上的教学渗透，比如，语文、政治、历史等文科性质的学科课程可能渗透的更直接、更多些，数学、物理、化学这些理科性质的学科课程渗透的间接些。

K 教师：一是学校的例行活动。比如，学校的定期班会、团学活动、文艺表演、红高粱体育运动节、学生会滴水文学社举行的音乐演奏会等。二是班级课堂教学的渗透。以我教的英语来说，我会把其他国家人民的优良生活习惯及好的学习方法在课上讲给学生听。

L 校长：通过校外辅导员、家长委员会、法制副校长来做安全讲座，禁毒大队来做禁毒讲座；采取学校、社会、家长来做三位一体的学生交流与讲座。

四、学生公民意识的培育方法

B 教师：常规的班会、书面教材。具体来说是宣讲和阅读材料。

F 教师：以主题班会的阅读学习为主，以课余文化生活、社会团体活动、学校环境的熏陶等为辅。

G 教师：说到方法上，我感觉有正面教育、反面比较、侧面烘托以及环境潜移默化的熏陶等方法。

H 教师：一是学科课程上，课堂上的讲道理及渗透法；二是在班级开展学习好人好事精神的榜样法；三是做一些公民教育方面的板报宣传、信息条幅、走廊文化以及各种知识竞赛等潜移默化的熏陶、感染法。

J 教师：学校采用了榜样示范法、活动板报宣传、实地参观、网络道德讲坛、网络视频教育等。

K 教师：在学校例行的班会上，我采用大面积的讲授法及讨论方法；对个别学生问题我会采用个别谈话法；还经常与家长沟通了解学生的生活情况。

五、学生公民意识培育的影响因素

F 教师：我认为，从环境上来说，社会环境是一个重要的影响因素；个体上来说，个体信仰也是一个重要因素。具体来说，一方面，学生通过学校教育后步入社会，社会环境的新鲜性、复杂性可能会给个体带来一些负面的、消极的影响；另一方面，在现代社会环境下，学生个体信念有些缺失，再加上父母的信念往往会影响学生。

G 教师：首先，我觉得学生应认识到自己是一个独立的人，拥有一定的自主意识，缺乏自主意识是影响公民意识的一个重要因素。比如，在学习上应是我要去学习，而不是被动的学习。其次是家庭教育方面，父母给孩子树立了、灌输了怎样的榜样和观念，给予了学生更微观细节上的意识，决定了学生今后的公民意识素养。再次是学校教育方面，虽不如家庭教育细腻，但给予学生宏观上的意识。最后，社会环境应得到家庭、学校教育的高度重视，因为社会环境非常复杂有可能会颠覆学生已有的公民意识，应值得注意。

H 教师：一是个人品行的教育因素，许多学生都是少数民族，一些风俗习惯会伴随，个人的基本素养还是最根本的。二是学校教育机构是最重要的，他是纠正一些家庭教育中不适因素的良好场所。三是家庭教育中家长是学生的第一任教师，他们的素质会潜移默化地影响学生。四是社会环境也是影响学生公民意识的一个必要因素。

I 教师：我认为，影响公民意识的因素主要是三位教育。家庭教育是第一位教育，家长公民素质的高低决定了学生潜意识中的公民素养；社会教育是第二位，社会环境也会直接影响学生公民意识的培育；学校教育是第三位，学校作为一个专门的教育机构不仅要纠正家庭、社会等方面带来的不良风气，还要提升学生公民意识的内在潜力发展。

L 校长：一是社会影响，二是家长影响，这二者对学生的影响是非常大的。有的家长会说学生教育的不好是学校的责任，其实并不是学校的单项工作，学生大部分时间还是生活在家庭和社会里。要提高学生的公民意识要从全民精神文化建设和文明建设入手。

六、对学生公民意识培育的其他看法

A 教师：一是学校方面，学校领导首先要从礼仪道德的层面，自身要有这个意识。老师不仅要教授学生课本知识，还要通过课堂来对他们进行思想和心理上的教育和疏导。例如，青春期的生理教育。二是从家庭、社会方面来灌输和引导学生。

B 教师：不同年龄阶段的学生对公民意识的理解是不一样的，还是要从学生最习惯的事物抓起。第一，老师；第二，家庭教育。家庭教育对孩子的影响力是很大的，家庭是第一教育场所，父母是第一任老师，而学校教师是第二任老师，孩子往往受父母的影响比较大。因此，我认为，家庭教育还是十分重要的。

C 教师：公民意识还是不能脱离大环境，要赋予公民更多的权利与义务，不仅需要理论上的教育，还要结合社会实际教育。例如，高三学生都不知道人大代表候选人是谁，却走形式的排着队去参与选举。我认为这样就脱离了教育实际，会歪曲公民意识的培育。对公民意识的培育是个学生逐步成长的过程，要具体细化到、渗透到教育活动中。

D 教师：由于学生有个体差异，导致学生的发展有所不同。但是法律是公民最起码的遵循要求和尺度，我们要不断加强学生公民意识的学习和组织的培养，公民的思想是活的，也是不断发展的，公民在成长过程中形成的世界观、人生观、价值观对其发展至为重要，老师在此起到潜移默化的辅助作用。所以，我感到我们所做的工作既有责任感也有成就感。

E 教师：时代在发展，学生对各方面意识的概念理解也模糊，对各方面的意识毕竟不是那么的强烈。作为中学教师，作为班主任，作为一个教育者，还要给学生有力的引导，有些东西还要单项的灌输，能够使学生各方面意识得到培养，在培育之后进行强化，应加大学科教学力度。比如，政治课、历史课、语文课、人文社会学科以及班会课的培养。这些应该继续保持下去，而且还要加大培养的力度。

F 教师：客观上说，我国更注重从学校教育角度加强对公民意识的培育，而有不少国家注重家庭教育的培育。我国往往把对公民意识的培育推到学校，以为学校就是教育的万能之地，其实更多的、更好的应该从家庭教育开始。我认为，家庭教育、家长才是培育学生公民意识的根源，只有通过家庭教育、学校教育，再到社会教育，这样才能使学生的公民意识更理想。

G 教师：我感觉如果每一个人都能从小就培育公民意识，明确自己应有的权利与相应的义务，那么我们的社会就会更加和谐。这样就不会出现一些犯罪分子，这些罪犯之所以走上犯罪道路，就是因为有些公民意识的缺失或被外在的物质所麻痹而导致。所以，我认为今后还是要加大公民意识教育的力度，尤其是在中小学生发展阶段。

H 教师：我认为，要想较好地培育学生公民意识要注意以下几点。首先，家长、老师自身要有较好的公民意识为先导。其次，家庭教育、学校教育及社会教育三者在公民意识的培育过程中是不可或缺的，少了其中之一公民意识的培育便有了缺失；只有将三者有机紧密地结合在一起，才是培育学生公民意识的良好途径。

I 教师：对公民意识的培育更多地要从学生内心出发，挖掘学生内心深处的需要，用良好的教育来填补学生的内心，使学生明白做人的道德要求。让学生明白老师对学生的教育是一种心灵上的启发，是一种做正直人的教育；逐步让学生学会做人，学会学习，学会感恩，从个人潜意识中明白作为公民应具备的各种素质及应履行的各项义务。

J 教师：我认为更多的还要采取宣传教育的模式，鼓励学生积极参加实践活动。从学校实践、社会活动实践中体现公民意识，发现公民意识缺陷，加大今后公民意识的培育定位与力度，进一步结合时代特色培育学生较强烈的公民意识素养。这个公民意识的话题是当今社会发展不可忽视的热点话题与基础性问题，我们作为教育者应给予高度重视。

K 教师：现在独生子女较多，学生比较自我，在公民意识培育问题上，应更多的使学生融入实践生活，进一步明确公民意识培育的目标，树立各阶段学生的人生目标及奋斗目标，使学生明确前进的方向。这些目标的规划亟待加强与完善。

L 校长：首先，培育学生公民意识思想要有环境，我们学校教育提倡氛围，让学生自我管理，营造良好的环境氛围，让学生自觉自愿地自我管理与学习。其次，学生公民意识的培育紧跟国家政府的精神文化建设、文明建设，民族地区会发展得越来越好的。

七、访谈调查结论

结合以上访谈内容进行分析，可以得出以下几点结论：

（1）通过对访谈资料的整理分析，发现这几位中学教师对公民意识概念的理解及结构的设定都没有超出本研究“公民意识”的五个维度，即国家意识、主体意识、权利与义务意识、道德意识、法治意识。他们对公民意识的理解有的仅涉及其中一个维度，有的涉及多个维度，但没有一人在访谈中完整地提及所有五个维度。然而，将他们的理解综合起来，却差不多涵盖了这五个维度。这在理论上进一步验证了此五维度结构的完整性。

（2）通过对被访者资料的整理分析，我们可知目前学校对公民意识教育是非常重视的，他们分别从爱国层面、做人层面、生活层面、权利与义务层面、生命层面、活动层面来充分体现了学校教育对学生公民教育的重视。

（3）被访教师大多都提到，学生国家认同意识和自由意识的体现主要是从生活中最常见的升国旗仪式、参加各种活动、地震募捐以及暗含在事件中的思想层面教育。

（4）通过访谈分析了解到开展公民意识的渠道，学校内一是通过开展讲座、班级例会；二是通过各种社团、文艺活动。学校外一是通过家长委员会的监督与辅助，二是社会各种机构的辅助。

（5）被访教师们普遍认为影响公民意识的因素由家庭教育、学校教育及社会环境的熏陶等多个维度构成。

（6）被访教师们谈到，中小学生随着年龄的增长，其公民意识会逐步提升直至走向成熟。

第七章　云南民族地区中小学生公民意识问卷调查分析

本研究采用横断面抽样调查，通过对云南省8个少数民族自治州的中小学生进行问卷调查，搜集中小学生公民意识状况的系列数据，了解云南民族地区中小学生公民意识现状、特点与变化趋势。

一、小学生公民意识现状分析

（一）小学生样本描述

本研究采取随机分层抽样的方法，抽取楚雄市环城小学和文山州王家塘小学学生为样本，每所学校发放问卷200份，共发放400份，回收398份，有效问卷359份，有效率为90.2%。其中，一年级30人，二年级24人，三年级22人，四年级21人，五年级129人，六年级133人；男生186人，女生173人。具体情况如表7－1所示：

表 7－1　小学生样本分布一览表

单位：人

学校	一年级		二年级		三年级		四年级		五年级		六年级		总计
	男	女	男	女	男	女	男	女	男	女	男	女	
楚雄州楚雄市环城小学	0	0	0	0	0	0	0	0	48	40	48	50	186
文山州王家塘小学	20	10	10	14	12	10	14	7	16	25	18	17	173
总计	20	10	10	14	12	10	14	7	64	65	66	67	359

（二）小学生公民意识特点

调查问卷包含 43 道题目，4 点记分，满分为 172。从参与调查的小学生整体来看，他们的公民意识得分介于 111～168 之间，全距 57，平均分 149. 15，标准差 11. 592，分数的整体分布如图 7－1 所示，基本呈正态分布，偏度系数（skewness）仅为－0. 378。

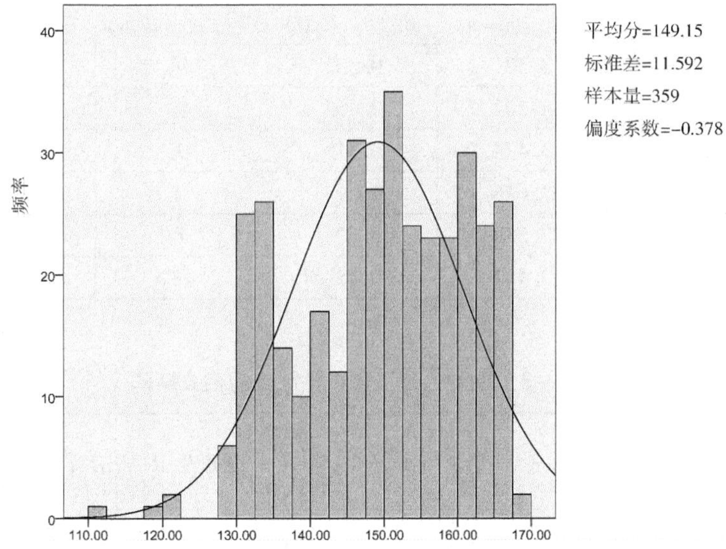

图 7－1　小学生公民意识总体分布情况

以每个小学生在五个维度间43道题的得分为初始数据，计算被测小学生在各维度间的均值、总均值及标准差，以均值大小反映被测小学生公民意识的强度，标准差反映被测小学生公民意识的离散程度。

在公民意识所包含的五个维度方面，通过重复测量方差分析，得出被测小学生在五个维度上的得分按高低顺序为（见表7－2）：道德意识（3.626）、法治意识（3.558）、权利与义务意识（3.478）、国家意识（3.401）、主体意识（3.207）。五个维度均值在3.207～3.626之间，公民意识总体均值为3.469，介于“赞同”（3分）和“非常赞同”（4分）之间。以上数据分析结果表明，被测小学生具有较强的公民意识。从标准差来看，被测小学生公民意识总体及各维度标准差均较小，而且五个维度标准差值相差不大。这说明，被测小学生公民意识的离散程度较小，公民意识总体处于良好状态。

表7－2　小学生公民意识总体情况（样本量N＝359）

因素	均值（mean）	标准差（SD）	项目数（item）	排序（order）
国家意识	3.401	0.302	9	4
主体意识	3.207	0.462	7	5
权利与义务意识	3.478	0.313	9	3
道德意识	3.626	0.293	11	1
法治意识	3.558	0.308	7	2
公民意识总体	3.469	0.269	43	

表7－3　小学生公民意识各维度间相关矩阵

维度	国家意识	主体意识	权利与义务意识	道德意识	法治意识	公民意识总体
国家意识	1					
主体意识	0.524**	1				

续表

维度	国家意识	主体意识	权利与义务意识	道德意识	法治意识	公民意识总体
权利与义务意识	0.557**	0.621**	1			
道德意识	0.639**	0.744**	0.619**	1		
法治意识	0.524**	0.459**	0.615**	0.467**	1	
公民意识总体	0.791**	0.845**	0.834**	0.873**	0.716**	1

** 双侧显著性检验相关分析结果在 0.01 的水平上显著。

通过分析表 7－3 得出，公民意识总体与各维度之间呈现极其显著正相关，相关系数（R）在 0.459～0.873 分布；两两维度之间在得分上均存在显著差异 $p = 0.000 < 0.010$。这些差异表明了被测小学生在公民意识各个方面都有了不同程度的发展，各个方面的发展与成熟能够促进整体与部分的协调发展。

再次结合均值图对数据进行各种因素上的均值分析可知，从年级因素上看（见图 7－2），被测小学生公民意识总体状况及各维度意识状况随年级的递增而上升。这说明，被测小学生公民意识呈正态分布趋势。但是，被测小学生公民意识也呈现出主体意识偏低的表征，在公民意识的五个维度中处于最低值。这可能是由于被测小学生年龄太小、主体性不强的缘故所导致的。从年龄上看（见图 7－3），年龄大的被测小学生的公民意识总体及各维度比年龄小的被测小学生要强；不过，主体意识在这五个维度中还是最低的。

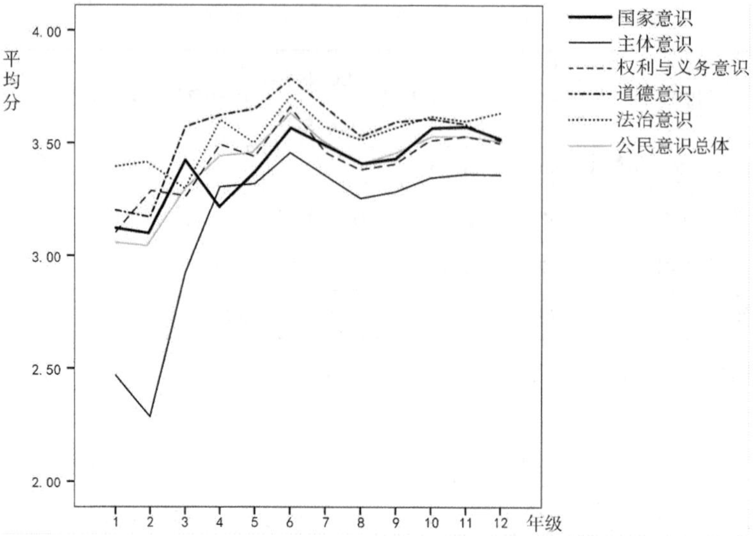

图 7－2　中小学生公民意识各年级均值图

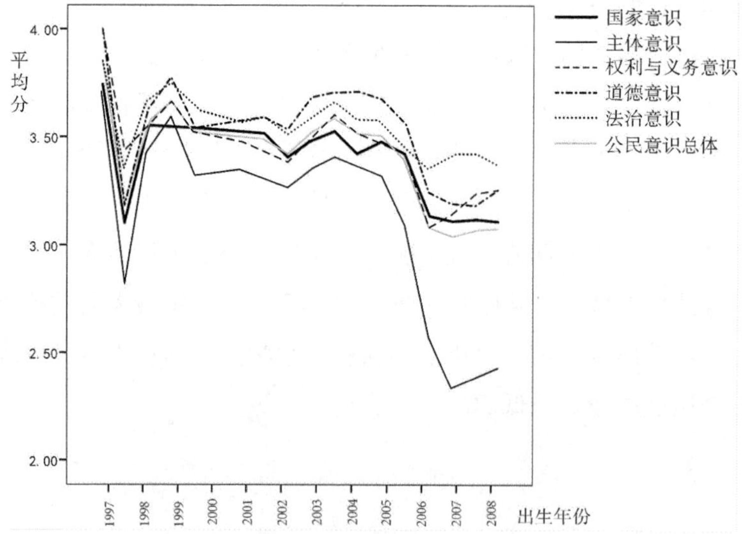

图 7－3　中小学生公民意识年龄均值图

从性别因素来看（见图7－4），小学男生的国家意识要高于小学女生；其余四个维度及公民意识总体均显示小学女生比男生稍强。以上研究发现，符合小学阶段女生身心成长稍快于男生的规律。从家庭住所来看（见图7－5），居住在城市的小学生公民意识总体及各维度在这三种居住环境中最高，其次是居住在城郊/乡镇的小学生，居住在农村的小学生公民意识总体及各维度最低。这可能是由于农村地理位置相对偏僻，与外界接触少、交流少所致。

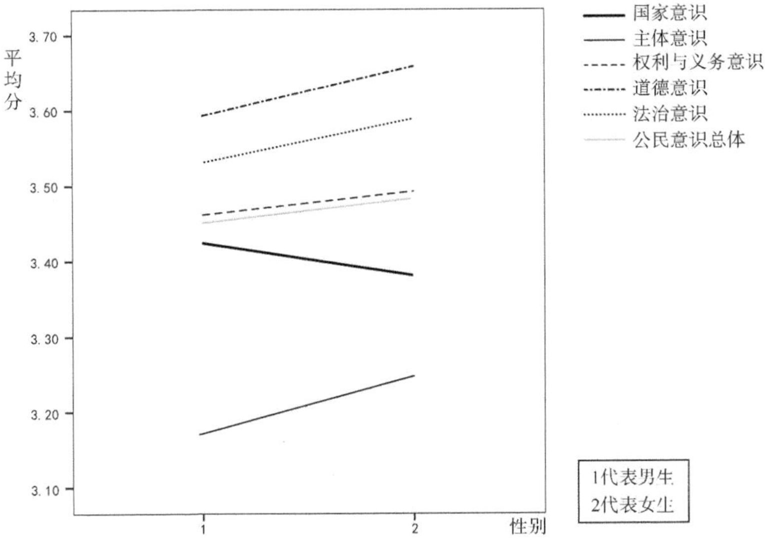

图7－4　小学生公民意识性别均值图

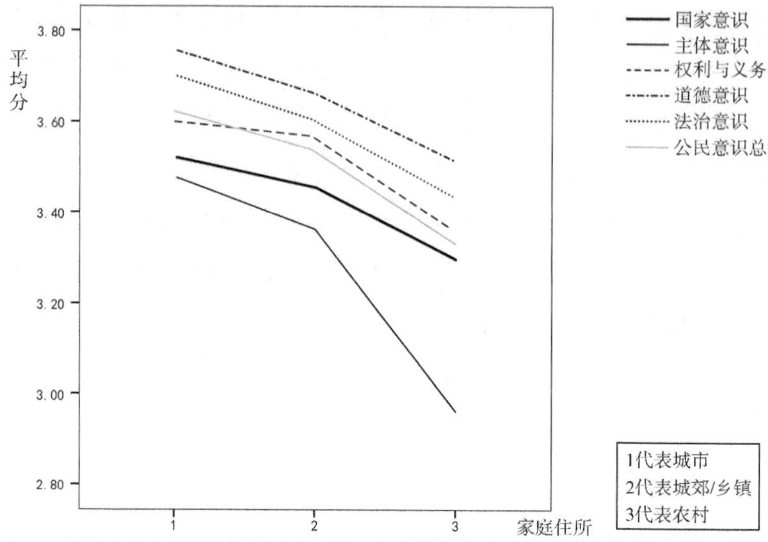

图7－5　小学生公民意识家庭住所均值图

二、初中生公民意识现状分析

（一）初中生样本描述

本研究采取随机分层抽样的方法，抽取大理州大理镇第二初级中学、红河州马街中学和怒江州泸水县第一中学为样本。其中，大理州大理镇第二初级中学和红河州马街中学每所学校发放问卷200份，怒江州泸水县第一中学发放问卷100份，共发放问卷500份，回收500份，有效问卷486份，有效率为97.2%。其中，七年级140人，八年级193人，九年级153人；男生223人，女生263人。具体情况如表7－4所示：

表 7－4　初中生样本分布一览表

单位：人

学校	七年级		八年级		九年级		总计
	男	女	男	女	男	女	
大理州大理镇第二初级中学	18	35	32	46	32	25	188
红河州马街中学	18	20	34	36	29	43	180
怒江州泸水县第一中学	23	26	28	17	9	15	118
总计	59	81	94	99	70	83	486

（二）初中生公民意识特点

调查问卷包含 43 道题目，4 点记分，满分为 172。从参与调查的初中生整体来看，他们的公民意识得分介于 117.41～169，全距 51.59，平均分 149.01，标准差 9.644，分数的总体分布如图 7－6 所示，基本呈正态分布，偏度系数仅为 －0.303。

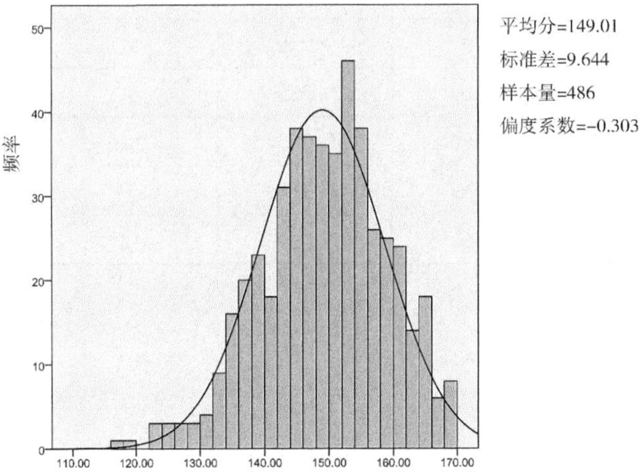

图 7－6　初中生公民意识总体分布情况

以每个被测初中生在五个维度间43道题的得分为初始数据，计算被测初中生在各维度间的均值、总均值及标准差，以均值大小反映被测初中生公民意识的强度，标准差反映被测初中生公民意识的离散程度。

在公民意识所包含的五个维度方面，通过重复测量方差分析，得出被测初中生在五个维度上的得分按高低顺序为（见表7－5）：道德意识（3.586）、法治意识（3.547）、国家意识（3.439）、权利与义务意识（3.409）、主体意识（3.297）。五个维度均值在3.297～3.586之间，公民意识总体均值为3.465，介于“赞同”（3分）和“非常赞同”（4分）之间。以上数据分析结果表明，被测初中生具有较强的公民意识。从标准差来看，被测初中生公民意识总体及各维度标准差均较小，而且五个维度标准差值相差不大。这说明，被测初中生公民意识的离散程度较小，公民意识总体处于良好、积极状态。

表7－5　初中生公民意识总体情况（样本量N＝486）

因素	均值（mean）	标准差（SD）	项目数（item）	排序（order）
国家意识	3.439	0.276	9	3
主体意识	3.297	0.299	7	5
权利与义务意识	3.409	0.289	9	4
道德意识	3.586	0.273	11	1
法治意识	3.547	0.288	7	2
公民意识总体	3.465	0.224	43	

表7-6　初中生公民意识各维度间相关矩阵

维度	国家意识	主体意识	权利与义务意识	道德意识	法治意识	公民意识总体
国家意识	1					
主体意识	0.476**	1				
权利与义务意识	0.546**	0.461**	1			
道德意识	0.576**	0.523**	0.562**	1		
法治意识	0.531**	0.416**	0.581**	0.553**	1	
公民意识总体	0.798**	0.714**	0.807**	0.840**	0.765**	1

**双侧显著性检验相关分析结果在0.01的水平上显著。

通过分析表7-6得出，公民意识总体与各维度之间呈正相关，相关系数（R）在0.416~0.840分布；两两维度之间在得分上均存在显著差异 $p=0.000<0.010$。这些差异表明了被测初中生在公民意识各个方面都有了不同程度的发展与成熟。

进而结合均值图对数据进行各种因素上的均值分析可知，从年级因素来看，初中生各维度分布较明显，八年级学生各维度及公民意识总体都处于最低点。可能是因为学生处于青春期，各方面的发展都会出现一定的波动。但是，与小学生公民意识各维度相比都有所提升。从年龄因素来看，年龄大的初中生比年龄小的被测初中生公民意识总体较差，年龄小的被测初中生各维度都比年龄大的被测初中生各维度较强。

从性别因素来看（见图7-7），被测初中男生公民意识总体及各维度均低于被测初中女生。从家庭住所因素来看（见图7-8），居住在城市的被测初中生公民意识及各维度最强，其次是居住在农村的被测初中生，居住在城郊/乡镇的被测初中生公民意识及各维度最低。这种表征可能是因为城乡结合部的社会环境相对比较复杂，这与小学生居住环境对公民意识的影响显然不同。

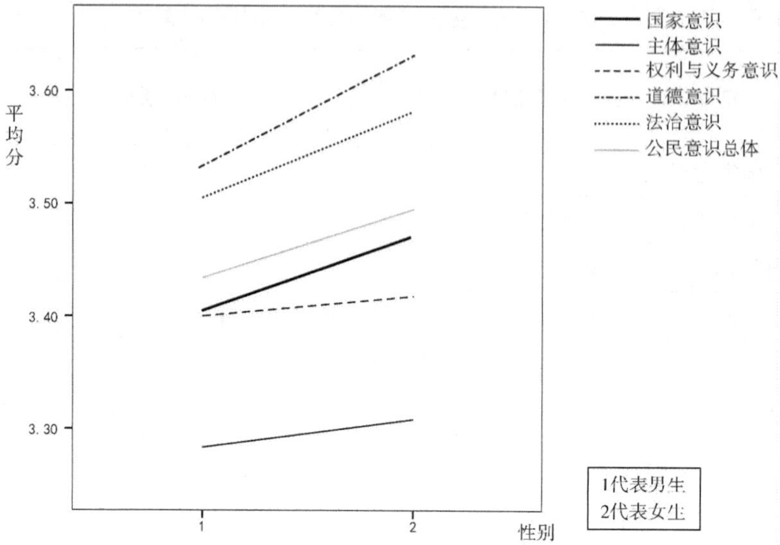

图 7-7　初中生公民意识性别均值图

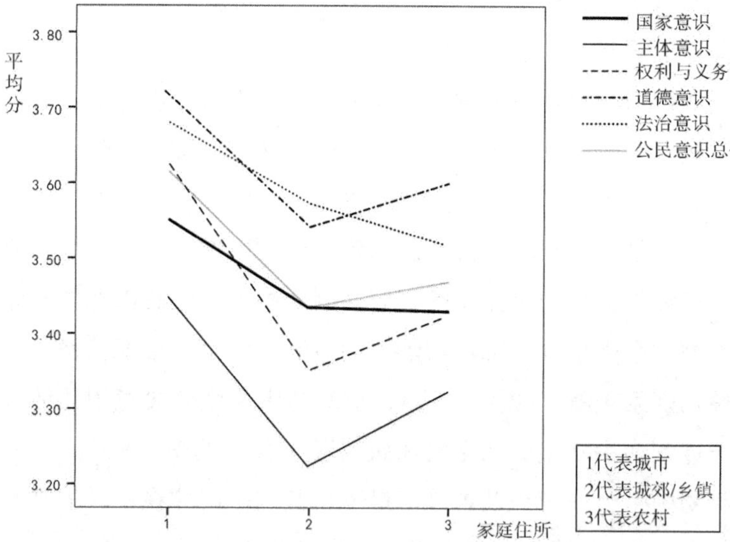

图 7-8　初中生公民意识家庭住所均值图

三、高中生公民意识现状分析

（一）高中生样本描述

本研究采取随机分层抽样的方法，抽取德宏州民族第一中学、迪庆州民族中学、怒江州泸水县第一中学和西双版纳州民族中学为样本。其中，德宏州民族第一中学、迪庆州民族中学和西双版纳州民族中学每所学校发放调查问卷200份，怒江州泸水县第一中学发放调查问卷100份，共发放调查问卷700份，回收687份，有效问卷604份，有效率为87.9%。其中，高一年级348人，高二年级159人，高三年级97人；男生267人，女生337人。具体情况如表7－7所示：

表7－7　高中生样本分布一览表

单位：人

学校	高一		高二		高三		总计
	男	女	男	女	男	女	
德宏州民族第一中学	81	107	0	0	0	0	188
迪庆州民族中学	15	25	26	48	32	25	171
怒江州泸水县第一中学	17	22	0	0	25	13	77
西双版纳州民族中学	33	48	37	48	1	1	168
总计	146	202	63	96	58	39	604

（二）高中生公民意识特点

调查问卷包含43道题目，4点记分，满分为172。从参与调查的高中生整体来看，他们的公民意识得分介于110和172之间，全距62，平均分151.97，标准差9.831，分数的整体分布如图7－9所示，基本呈正态分布，偏度系数仅为 -0.336。

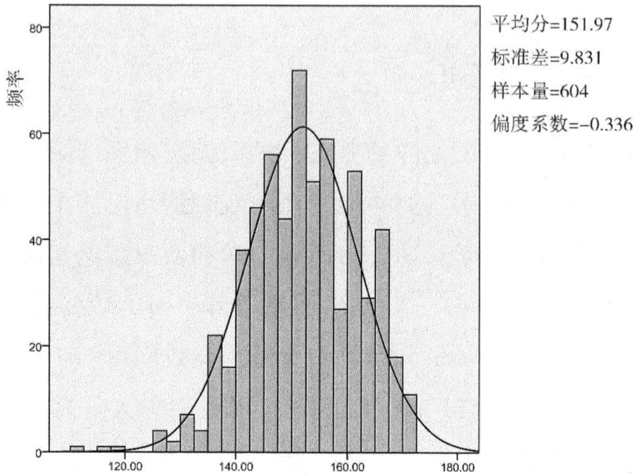

图7-9　高中生公民意识总体分布情况

以每个被测高中生在五个维度间43道题的得分为初始数据，计算被测高中生在各维度间的均值、总均值及标准差，以均值大小反映被测高中生公民意识的强度，标准差反映被测高中生公民意识的离散程度。

在公民意识所包含的五个维度方面，通过重复测量方差分析，得出被测高中生在五个维度上的得分按高低顺序为（见表7-8）：法治意识（3.615）、道德意识（3.586）、国家意识（3.561）、权利与义务意识（3.519）、主体意识（3.355）。五个维度均值在3.355～3.615之间，公民意识总体均值为3.534，介于“赞同”（3分）和“非常赞同”（4分）之间。数据分析结果表明，被测高中生具有较强的公民意识。从标准差来看，被测高中生公民意识总体及各维度标准差均较小，而且五个维度标准差值相差不大。这说明，被测高中生公民意识的离散程度较小，公民意识总体处于积极状态。

表7-8 高中生公民意识总体情况（样本量N=604）

因素	均值（mean）	标准差（SD）	项目数（item）	排序（order）
国家意识	3.561	0.240	9	3
主体意识	3.355	0.313	7	4
权利与义务意识	3.519	0.305	9	5
道德意识	3.586	0.301	11	2
法治意识	3.615	0.272	7	1
公民意识总体	3.534	0.228	43	

表7-9 高中生公民意识各维度间相关矩阵

维度	国家意识	主体意识	权利与义务意识	道德意识	法治意识	公民意识总体
国家意识	1					
主体意识	0.502**	1				
权利与义务意识	0.532**	0.494**	1			
道德意识	0.548**	0.584**	0.602**	1		
法治意识	0.427**	0.449**	0.552**	0.590**	1	
公民意识总体	0.743**	0.779**	0.812**	0.848**	0.761**	1

**双侧显著性检验相关分析结果在0.01的水平上显著。

通过分析表7-9可知，公民意识总体与各维度之间呈正相关，相关系数（R）在0.427~0.848分布；两个维度之间在得分上均存在显著差异 $p=0.000<0.010$。这些差异表明了被测高中生在公民意识各个方面都有了不同程度的发展。

进而结合均值图对数据进行各种因素上的均值分析可知，从年级因素来看，被测高中生各维度分布较明显，法治意识随年级的升高而较强，其余各维度随年级的升高而逐步减弱。原因可能是被测高中生面临高考升学压力，公民意识的发展需要让位于高考需要。高中生主体意识在五个维度中仍是最低的。但是，与被测小学生、初中生公民意识总体及各维度相比，有所提升。从年龄因素来看，1997 年出生的高中生公民意识总体及各维度与 1998 年出生的高中生公民意识总体及各维度比较，相对较低，而 1999 年出生的高中生公民意识总体及各维度的发展相对较为平稳。

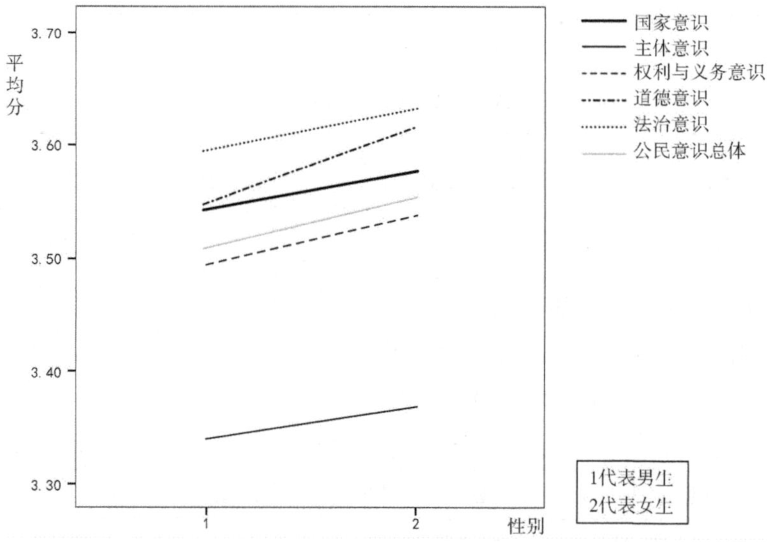

图 7－10　高中生公民意识性别均值图

从性别因素来看（见图 7－10），被测高中男生公民意识总体及各维度都低于被测高中女生。我们认为可能是由于女生比男生更能适应应试教育。但是，被测高中男生和女生的公民意识总体及各维度都比被测小学生、初中生要高。从家庭住所因素来看（见图 7－11），居住在城市的被测高中生公民意识及各维度与居住在农村、城郊/乡镇的被测高中生公民意识及各维度基本一致。原因可能是，被测高中生的身心发展已经趋于成熟，逐渐形成了对各种意识的主见，因而，他们公民意识的培育受到外界环境的影响也较小。

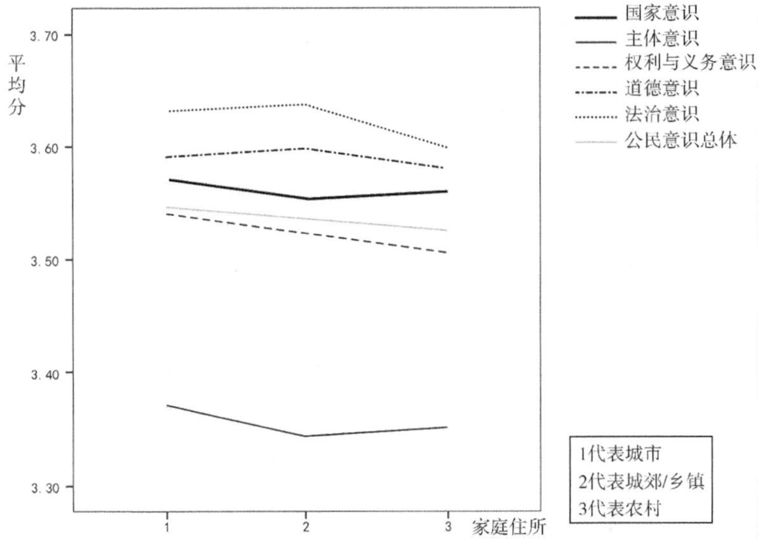

图 7－11　高中生公民意识家庭住所均值图

第八章　云南民族地区中小学生公民意识影响因子分析

国内相关的研究成果表明，公民意识的影响因子有很多。然而，这些成果大多是从宏观层面泛泛分析公民意识的影响因子，结合实证研究从微观层面具体分析的不多。本研究结合以上调查研究的发现，具体分析性别、年级、年龄以及家庭住所 4 个影响因子与学生公民意识的相关性。

一、性别因子与公民意识的相关性

（一）性别因子与中小学生公民意识的方差分析

为了进一步考察性别因子在公民意识总体及五个维度意识间可能存在的主效应和各种交互效应，本研究以性别为自变量，以国家意识、主体意识、权利与义务意识、道德意识、法治意识和公民意识总体为因变量，对被测中小学生公民意识数据进行独立样本 t 检验分析。结果见表 8 – 1。

表 8－1　性别因子独立样本 t 检验分析表

自变量	类型	因变量	F 值	t 值	自由度	p 值
性别	小学生	国家意识	0.983	0.205	357	0.838
		主体意识	0.008	－1.531	357	0.127
		权利与义务意识	0.338	－1.011	357	0.312
		道德意识	2.274	－2.106	357	0.036
		法治意识	4.382	0.456	357	0.649
		公民意识总体	0.053	－1.048	357	0.295
	初中生	国家意识	2.731	－2.635	484	0.009
		主体意识	0.079	－0.932	484	0.352
		权利与义务意识	1.717	－0.569	484	0.570
		道德意识	7.855	－4.047	484	0.000
		法治意识	9.154	－2.979	484	0.003
		公民意识总体	5.896	－2.792	484	0.005
	高中生	国家意识	2.688	－1.803	602	0.072
		主体意识	2.029	－1.133	602	0.258
		权利与义务意识	3.107	－1.682	602	0.093
		道德意识	3.904	－2.805	602	0.005
		法治意识	0.587	－1.707	602	0.088
		公民意识总体	7.466	－2.307	602	0.021

根据性别因子独立样本 t 检验分析结果，小学生公民意识总体与性别因子不存在显著性差异（$p = 0.295 > 0.050$），没有实质性关系。因此，小学生公民意识不受性别影响。但是，小学生的道德意识与性别呈显著性相关（$p = 0.036 < 0.050$）。这说明，小学男女生对道德意识的认识是不同的、有差别的。初中生公民意识总体与性别因子存在显著性差异（$p = 0.005 < 0.050$）；而且初中生国家意识、道德意识和法治意

识分别与性别因子之间存在显著性差异，尤其是道德意识与性别因子之间存在极其显著性差异（p＝0.000＜0.010）；初中生的主体意识、权利与义务意识与性别因子之间不存在显著性差异（p主体＝0.352＞0.050、p权利＝0.570＞0.050）。这说明，初中男女生在公民意识总体、国家意识、道德意识和法治意识上有实质性的区别。高中生公民意识总体与性别因子存在显著性差异（p＝0.021＜0.050）；高中生各维度中只有道德意识与性别因子呈显著性差异（p＝0.005＜0.050）。这说明，高中男女生在公民意识总体及道德意识上都有实质性的区别。

2. 性别因子与中小学生公民意识的相关分析

相关分析是我们衡量两个变量之间的关系状况，相关系数是两个变量之间相关程度的指标。为了更加深入地考察性别因子与中小学生公民意识之间的关联性及密切程度，我们采用相关分析来做进一步的探讨。

表8－2　性别因子与公民意识各维度间相关分析表

因子	类型	国家意识	主体意识	权利与义务意识	道德意识	法治意识	公民意识总体
性别	小学生	－0.110	0.081	0.053	0.111*	－0.240	0.055
	初中生	0.119**	0.042	0.026	0.181**	0.134**	0.126**
	高中生	0.073	0.046	0.068	0.114**	0.069	0.093*

**双侧显著性检验相关分析结果在0.01的水平上显著。

*双侧显著性检验相关分析结果在0.05的水平上显著。

通过分析表8－2可知，性别因子与小学生公民意识总体呈现弱正相关（R＝0.055），与道德意识呈现显著性正相关（R＝0.111），与国家意识和法治意识呈现负相关，与主体意识（R＝0.081）和权利与义务意识（R＝0.053）呈现弱正相关。性别因子与初中生公民意识总体呈现极其显著性正相关（R = 0. 126），与初中生国家意识（R = 0. 119）、道德意识（R =0. 181）和法治意识（R =0. 134）也分别呈现极其显著性正相关，与初中生主体意识（R =0. 042）和权利与义务意识（R =0. 026）呈现弱正相关。性别因子与高中生公民意识总体呈现显著性正相关（R =0. 093），与高中生道德意识呈现极其显著性正相关（R = 0. 114），与高中生国家意识（R = 0. 073）、主体意识（R = 0. 046）、权利与义务意识（R =0. 068）和法治意识（R =0. 069）分别呈现弱正相关。

二、年级因子与公民意识的相关性

（一）年级因子与中小学生公民意识的方差分析

为了进一步考察年级因子在公民意识总体及五个维度间可能存在的主效应和各种交互效应，本研究以年级为自变量，以国家意识、主体意识、权利与义务意识、道德意识、法治意识和公民意识总体为因变量，对被测中小学生公民意识数据进行单因子 ANOVA 方差分析。结果见表 8 –3。

表 8 –3　年级因子组间效应 ANOVA 方差分析表

自变量	类型	因变量	平方和	自由度	均方	F	p
年级	小学生	国家意识	9. 019	5	1. 804	26. 858	0. 000
		主体意识	49. 085	5	9. 817	127. 557	0. 000
		权利与义务意识	10. 702	5	2. 140	30. 956	0. 000
		道德意识	13. 822	5	2. 764	57. 556	0. 000
		法治意识	6. 386	5	1. 277	16. 380	0. 000
		公民意识总体	13. 562	5	2. 712	72. 156	0. 000

续表

自变量	类型	因变量	平方和	自由度	均方	F	p
年级	初中生	国家意识	0.498	2	0.249	3.305	0.038
		主体意识	0.977	2	0.489	5.538	0.004
		权利与义务意识	0.389	2	0.194	2.336	0.098
		道德意识	1.419	2	0.709	9.897	0.000
		法治意识	0.308	2	0.154	1.861	0.157
		公民意识总体	0.624	2	0.312	6.358	0.002
	高中生	国家意识	0.209	2	0.104	1.811	0.164
		主体意识	0.018	2	0.009	0.094	0.911
		权利与义务意识	0.077	2	0.038	0.410	0.664
		道德意识	0.757	2	0.378	4.200	0.015
		法治意识	0.095	2	0.048	0.640	0.528
		公民意识总体	0.049	2	0.025	0.480	0.619

根据年级为自变量的单因子 ANOVA 方差分析结果可得出，小学生公民意识总体（$p=0.000<0.010$）及五个维度（$p=0.000<0.010$）与各年级之间都存在极其显著性差异；这说明，不同年级的小学生对公民意识的认识不同，而且他们对公民意识的认识随着年级递增而有一定的增长。初中生公民意识总体（$p=0.002<0.010$）、主体意识（$p=0.004<0.010$）、道德意识（$p=0.000<0.010$）在各年级之间存在极其显著性差异，初中生国家意识（$p=0.038<0.050$）在各年级之间存在显著性差异；这说明，初中生对公民意识的认识在各年级之间有实质性的不同，而且主体意识和道德意识在这三个年级中差异非常大。高中生公民意识总体（$p=0.619>0.050$）在各年级间不存在显著性差异，但是高中生道德意识（$p=0.015<0.050$）在各年级间存在显著性差异；这说明，除道德意识以外，高中生公民意识总体上不受年级影响。

（二）年级因子与中小学生公民意识的相关分析

为了更加深入地考察年级因子与中小学生公民意识之间的关联性及密切程度，我们采用相关分析来做进一步的探讨。

表 8－4　年级因子与公民意识各维度间相关分析表

因子	类型	国家意识	主体意识	权利与义务意识	道德意识	法治意识	公民意识总体
年级	小学生	0.466**	0.763**	0.519**	0.645**	0.346**	0.695**
	初中生	－0.060	0.015	0.012	－0.112	0.004	－0.034
	高中生	－0.076	－0.093	－0.059	－0.084	0.003	－0.078

**双侧显著性检验相关分析结果在 0.01 的水平上显著。

*双侧显著性检验相关分析结果在 0.05 的水平上显著。

通过分析表 8－4 可知，年级因子与小学生公民意识总体及各维度呈现极其显著性正相关，相关系数（R）在 0.346～0.763 之间，相关程度在中等正相关和强正相关之间；这说明，年级因子与小学生公民意识之间存在非常密切的关系，年级因子会对小学生公民意识产生影响。年级因子与初中生公民意识总体（R＝－0.034）、国家意识（R＝－0.060）、道德意识（R＝－0.112）之间都呈现弱负相关，与主体意识（R＝0.015）、权利与义务意识（R＝0.012）和法治意识（R＝0.004）之间都呈现弱正相关。这说明，年级因子与初中生公民意识之间存在内隐性关系，年级因子会对初中生公民意识产生微弱的影响。年级因子与高中生公民意识总体（R＝－0.078）呈现弱负相关，与国家意识（R＝－0.076）、主体意识（R＝－0.093）、权利与义务意识(R＝－0.059）和道德意识（R＝－0.084）都呈现弱负相关，只与法治意识

(R=0.003)呈现弱正相关。这说明，年级因子与高中生公民意识之间的关联性不大，不存在密切关系。

三、年龄因子与公民意识的相关性

(一)年龄因子与中小学生公民意识的方差分析

为了进一步考察年龄因子在公民意识总体及五个维度间可能存在的主效应和各种交互效应，本研究以年龄为自变量，以国家意识、主体意识、权利与义务意识、道德意识、法治意识和公民意识总体为因变量，对被测中小学生公民意识数据进行单因子 ANOVA 方差分析。结果见表 8-5。

表 8-5 年龄因子组间效应 ANOVA 方差分析表

自变量	类型	因变量	平方和	自由度	均方	F	p
年龄	小学生	国家意识	6.058	10	0.606	7.904	0.000
		主体意识	42.037	10	4.204	42.755	0.000
		权利与义务意识	7.628	10	0.763	9.658	0.000
		道德意识	11.655	10	1.166	21.211	0.000
		法治意识	3.348	10	0.335	3.813	0.000
		公民意识总体	10.778	10	1.078	23.367	0.000
	初中生	国家意识	2.411	8	0.301	4.171	0.000
		主体意识	1.471	8	0.184	2.082	0.036
		权利与义务意识	3.002	8	0.375	4.765	0.000
		道德意识	2.276	8	0.285	4.020	0.000
		法治意识	1.759	8	0.220	2.720	0.006
		公民意识总体	1.912	8	0.239	5.087	0.000

续表

自变量	类型	因变量	平方和	自由度	均方	F	P
年龄	高中生	国家意识	0.664	8	0.083	1.445	0.174
		主体意识	1.548	8	0.193	2.000	0.044
		权利与义务意识	0.655	8	0.082	0.876	0.536
		道德意识	1.250	8	0.156	1.732	0.088
		法治意识	0.882	8	0.110	1.493	0.157
		公民意识总体	0.709	8	0.089	1.742	0.086

根据年龄为自变量的单因子 ANOVA 方差分析结果可得出，年龄因子与小学生公民意识总体（$p = 0.000 < 0.010$）及各维度间（$p = 0.000 < 0.010$）都存在极其显著性差异。这说明，年龄不同的小学生对公民意识的认识是迥异的，年龄对公民意识产生的影响也不尽相同。年龄因子与初中生公民意识总体（$p = 0.000 < 0.010$）及国家意识、权利与义务意识、道德意识之间都存在极其显著性差异，与主体意识（$p = 0.036 < 0.050$）存在显著性差异。这说明，不同年龄的初中生对公民意识的认识也不同，年龄因子对初中生公民意识的发展有非常大的影响。年龄因子与高中生公民意识主体（$p = 0.086 > 0.050$）不存在差异，只与主体意识（$p = 0.044 < 0.050$）存在显著性差异。这说明，除了主体意识之外，高中生公民意识与年龄因子无关，不会因年龄不同而存在差异。

（二）年龄因子与中小学生公民意识的相关分析

为了更加深入地考察年龄因子与被测中小学生公民意识之间的关联性及密切程度，我们采用相关分析来做进一步的探讨。

表 8-6　年龄因子与公民意识各维度间相关分析表

因子	类型	国家意识	主体意识	权利与义务意识	道德意识	法治意识	公民意识总体
年龄	小学生	0.093*	0.064	0.058	0.069	0.072	0.090*
	初中生	0.082*	0.001	-0.028	0.042	0.003	0.022
	高中生	-0.345	-0.653	-0.390	-0.549	-0.211	-0.551

*双侧显著性检验相关分析结果在 0.05 的水平上显著。

通过分析表 8-6 可知，年龄因子与小学生公民意识总体（R = 0.090）及国家意识（R = 0.093）之间呈现显著性正相关，与主体意识（R = 0.064）、权利与义务意识（R = 0.058）、道德意识（R = 0.069）和法治意识（R = 0.072）呈现弱正相关。这说明，年龄差异与小学生公民意识总体存在关联性，而且两者之间的关系密切，年龄因子对小学生国家意识有影响作用。年龄因子与初中生公民意识总体（R = 0.022）、主体意识（R = 0.001）、道德意识（R = 0.042）和法治意识（R = 0.003）之间呈现弱正相关，与国家意识（R = 0.082）呈现显著性正相关。这说明，年龄因子与初中生公民意识之间存在内隐性关联，年龄差异会对初中生国家意识产生一定的影响。年龄因子与高中生公民意识及五个维度都呈现弱负相关，相关系数（R）在 -0.551 ~ -0.211 之间。这说明，年龄因子与高中生公民意识没有关联性，年龄差异不会对高中生公民意识产生影响。

四、家庭住所因子与公民意识的相关性

（一）家庭住所因子与中小学生公民意识的方差分析

为了进一步考察家庭住所因子在公民意识总体及五个维度间可能存

在的主效应和各种交互效应，本研究以家庭住所为自变量，以国家意识、主体意识、权利与义务意识、道德意识、法治意识、公民意识总体为因变量，对被测中小学生公民意识数据进行单因子 ANOVA 方差分析。结果见表 8 -7。

表 8 -7　家庭住所因子组间效应 ANOVA 方差分析表

自变量	类型	因变量	平方和	自由度	均方	F	p
家庭住所	小学生	国家意识	4.375	2	2.188	27.468	0.000
		主体意识	24.021	2	12.010	81.859	0.000
		权利与义务意识	5.409	2	2.704	32.413	0.000
		道德意识	4.974	2	2.487	34.313	0.000
		法治意识	5.934	2	2.967	37.756	0.000
		公民意识总体	7.816	2	3.908	73.162	0.000
	初中生	国家意识	0.309	2	0.155	2.043	0.131
		主体意识	1.620	2	0.810	9.319	0.000
		权利与义务意识	1.671	2	0.836	10.377	0.000
		道德意识	0.763	2	0.381	5.223	0.006
		法治意识	0.782	2	0.391	4.778	0.009
		公民意识总体	0.659	2	0.330	6.730	0.001
	高中生	国家意识	0.017	2	0.008	0.143	0.867
		主体意识	0.059	2	0.030	0.302	0.739
		权利与义务意识	0.143	2	0.072	0.767	0.465
		道德意识	0.029	2	0.014	0.158	0.854
		法治意识	0.165	2	0.083	1.113	0.329
		公民意识总体	0.051	2	0.025	0.491	0.613

根据家庭住所为自变量的单因子 ANOVA 方差分析结果可得出，家

庭住所因子与小学生公民意识总体（$p=0.000<0.010$）及各维度（$p=0.000<0.010$）之间都存在极其显著性差异。这说明，家庭住所环境对小学生公民意识的认识是有影响的。家庭住所因子与初中生公民意识总体（$p=0.001<0.010$）、主体意识（$p=0.000<0.010$）、权利与义务意识（$p=0.000<0.010$）、道德意识（$p=0.006<0.010$）、法治意识（$p=0.009<0.010$）之间都存在极其显著性差异，与国家意识（$p=0.131>0.050$）之间不存在任何差异。这说明，除了国家意识之外，家庭住所因子对初中生公民意识存在影响作用；对初中生国家意识不存在影响作用，这可能是学生在学校接受国家意识方面的教育过多所致。家庭住所因子与高中生公民意识总体（$p=0.613>0.050$）及各维度之间不存在任何差异。这说明，家庭住所因子对高中生公民意识一般不会产生影响作用。这可能是由于高中学生的大多时间都是在学校度过的，学校对学生公民意识方面的教育良好，从而使高中生公民意识不受家庭住所环境的影响。

（二）家庭住所因子与中小学生公民意识的相关分析

为了更加深入地考察年龄因子与被测中小学生公民意识之间的关联性及密切程度，我们采用相关分析来做进一步的探讨。

表 8－8　家庭住所因子与公民意识各维度相关分析

因子	类型	国家意识	主体意识	权利与义务意识	道德意识	法治意识	公民意识总体
家庭住所	小学生	0.364**	0.558**	0.389**	0.401**	0.418**	0.538**
	初中生	-0.064	0.056**	0.007**	0.008**	0.136**	0.036**
	高中生	-0.013	-0.023	-0.050	-0.017	-0.054	-0.040

**双侧显著性检验相关分析结果在 0.01 的水平上显著。

通过分析表8－8可知，家庭住所因子与小学生公民意识总体（R＝0.538）与各维度呈现显著性正相关，相关系数（R）为0.364～0.558，相关程度为中等强度正相关。这说明，家庭住所因子与小学生公民意识之间存在关联性且关系非常密切，对小学生公民意识有影响作用。家庭住所因子与初中生公民意识总体（R＝0.036）及主体意识（R＝0.056）、权利与义务意识（R＝0.007）、道德意识（R＝0.008）、法治意识（R＝0.136）之间呈现显著性正相关。这说明，除了国家意识之外，家庭住所因子与初中生公民意识之间存在关联性，对初中生公民意识有影响作用。家庭住所因子与高中生公民意识总体及各维度意识之间相关系数（R）在－0.054～－0.013之间，两两之间不呈现关联性。这说明，家庭住所环境一般不会对高中生公民意识产生影响作用。

第九章　云南民族地区中小学生公民意识问卷调查结论与建议

一、问卷调查结论

（一）中小学生公民意识的特点

通过综合描述性分析与相关性分析我们发现，云南民族地区中小学生的公民意识具有以下两个显著特点：

（1）中小学生公民意识总体发展状况良好。具体表现在：小学生、初中生、高中生总体公民意识都呈现正态分布；各学习阶段的公民意识及五个维度之间都呈现出极高的相关性。

（2）中小学生公民意识发展的结构性差异明显。在小学阶段，公民意识按照发展水平的排序是：道德意识、法治意识、权利与义务意识、国家意识、主体意识。在初中阶段，只有权利与义务意识、国家意识的排列顺序发生颠倒，其他排列顺序完全相同。由此可见，小学生和初中生的道德意识、法治意识发展较好，并且道德意识高于法治意识；主体意识发展相对较差。在高中阶段，公民意识按照发展水平的排序是：法治意识、道德意识、国家意识、权利与义务意识、主体意识。由此可见，高中生的法治意识、道德意识发展较好，并且法治意识高于道德意识；主体意识发展相对较差，排列在最后。公民意识各维度标准差值较小，离散程度较小。显而易见，在中小学生公民意识的五个维度中，主体意识发展水平明显偏低。

（二）中小学生公民意识的影响因子

通过综合独立样本检验分析与方差分析发现，云南民族地区中小学生公民意识的各影响因子特点如下：

（1）性别因子。性别因子与小学生道德意识呈现显著性正相关，小学男女生在道德意识上存在显著性差异；性别因子与初中生公民意识总体、国家意识、道德意识和法治意识呈现显著性相关，初中男女生在公民意识总体、国家意识、道德意识和法治意识上存在显著性差异；性别因子与高中生公民意识总体、道德意识呈现显著性相关，高中男女生在公民意识总体和道德意识上存在显著性差异。

（2）年级因子。年级因子与小学生公民意识总体及各维度呈现显著性相关，不同年级的小学生在公民意识上存在显著性差异；年级因子与初中生公民意识的相关性比较复杂，本研究难以确定；年级因子与高中生公民意识总体、国家意识、主体意识、权利与义务意识和法治意识的相关性不显著。

（3）年龄因子。年龄因子与小学生公民意识总体、国家意识呈现显著性相关，不同年龄的小学生在公民意识总体、国家意识上存在显著性差异；年龄因子与初中生国家意识呈现显著性相关，不同年龄的初中生在国家意识上存在显著性差异；年龄因子与高中生公民意识总体、国家意识、权利与义务意识、道德意识和法治意识不存在显著性相关。

（4）家庭住所因子。家庭住所因子与小学生公民意识总体及各维度呈现显著性相关，不同家庭住所的小学生在公民意识上存在显著性差异；家庭住所因子与初中生国家意识不存在显著性相关，不同家庭住所的初中生在国家意识上不存在显著性差异；家庭住所因子与高中生公民意识总体及各维度均不存在显著性相关，不同家庭住所的高中生在公民意识上不存在显著性差异。

二、思考与建议

"公民意识，是打开现代化大门的一把钥匙"。[①] 中小学生公民意识现状如何，直接关涉未来我国公民的素养。本研究针对云南民族地区中小学公民意识现状展开调查，反映出该地区中小学生的公民意识总体上处于良好的状态，但同时也发现他们的主体意识相对偏低，各影响因子也具有不同的特点。结合以上调查，我们对云南民族地区中小学公民意识存在的问题进行深入思考，提出一些有针对性的建议，希望有助于推动我国中小学公民教育的改革。

（一）立足我国民族教育的实际，大力提倡公民意识教育

公民具有公民意识，才是真正的公民。公民意识是每个社会成员对自己所在的公民社会的认同、参与、支持、忠诚和负责的意识，对个人行动自主、自律的责任担负，对公共生活的利益的维护，对正义、平等等价值的追求的意识。[②] 公民的成长和成熟，需要教育的启蒙。我国少数民族地区实施公民教育，需要注意以下几点基本要求：首先，从我国民族教育的实际状况出发，采取有针对性的公民教育策略，这是我们倡导公民教育的现实基础。其次，吸收与借鉴西方先进的公民教育理念和成功经验，探索具有中国特色的公民教育模式，充分发挥我国少数民族地区经济社会发展的后发优势，实现中小学公民教育的跨越式发展。最

① 张民省：《公民意识与中国现代化》，载《山西大学学报》（哲学社会科学版），2005（2），119页。

② 金生鈜：《公民与公民道德教育》，载《道德教育研究》，2002（2）。

后，我国少数民族人数众多、分布广泛、文化各异，为了满足不同少数民族地区实施公民教育的需要，应该在国家三级课程管理的框架下，注重地方课程和校本课程的开发，大力发掘少数民族地区的公民教育资源。

（二）突出公民教育的重点，切实提升中小学生的主体意识

现代意义上的公民是人身与人格独立的权利主体，可以自由地支配自己的命运。从这个意义上讲，公民教育就是主体性教育。然而，我们把公民意识分解为国家意识、主体意识、权利与义务意识、道德意识、法治意识五个维度，通过问卷调查却发现，在中小学生公民意识的五个维度中，主体意识发展水平明显偏低，在小学阶段、初中阶段和高中阶段，学生的主体意识均排在最后。中小学阶段是学生生理、心理、伦理及人生观、价值观、世界观形成和发展的关键期，此时学生具有很强的可塑性，正是实施公民教育的最佳时间。学生的公民素养高低，取决于最弱的那个意识。基于我国公民教育的现实不足与发展需要，我们应该把学生主体意识的培育作为重点，切实提升中小学生的主体意识。

（三）关注学生校内外的生活环境，让学生学会在公民社会中生存

环境影响一个人的生存，同时环境也能塑造一个人。中小学生能否健康成长，能否成为未来社会发展所需的合格公民，和他们生活的校内外环境密切相关。我们课题组针对云南民族地区中小学生公民意识现状的调查很好地揭示并回答了这个问题。问卷调查结果显示：家庭住所因子与小学生公民意识之间不仅存在显著性差异，而且也存在关联性，影响明显。小学生的年龄还比较小，他们的身心发展还不成熟，处在相对较低的阶段，容易受到外界环境的影响。所谓近朱者赤，近墨者黑，学生生活于斯的环境质量如何，就在很大程度上影响着学生的身心发展。

这就要求教育工作者关注学生校内外的生活环境，让学生们在正能量的影响下健康成长。当然，公民社会的建设也不可能在一天完成，在城乡经济社会发展不均衡的背景下，我们有义务让学生学会在这样一个公民社会中生存。同时，作为未来的公民，他们也应该积极主动地参加各种社会实践活动，为社会主义和谐社会的建设贡献自己的力量。

（四）加强理论研究，构建民族地区中小学公民教育体系

通过这次访谈调查发现，相当多的中学教师认为《思想政治》就是培养公民意识的教材，学好《思想政治》就能很好地培育中学生的公民意识。其实，对公民意识的教育而言，没有完全适用的公民教育教科书。公民教育涵盖的内容很广泛，它主要通过各种载体、各种途径使学生从思想上认可、情感上认同及行为上体验，以不同寻常的感染力与影响力来增强公民意识。[①] 当然，中学老师产生这种看法的背后原因有很多，可能和公民教育的师资培养有关，和公民教育在学校的地位有关，也可能和应试教育的影响有关，但是其中最根本的原因，我们认为是民族地区中小学公民教育体系尚不完善。公民教育关涉到学校的全体教师、全部课程，绝非个别专职教师、一门学科所能完成。只有加强理论研究，结合少数民族特点，才能构建一个从公民教育目标、公民教育内容、公民教育途径、公民教育教学策略到公民教育评价的完整公民教育体系。

① 刘军：《丰都县实验中学高中生公民意识教育个案研究》，19页，重庆，西南大学硕士学位论文，2008。

附　录

附录1　中小学生公民意识调查资料

（1）云南民族地区中小学生公民意识调查问卷

亲爱的同学：

你好！

我们这次问卷调查是想知道你在学校内外的学习和生活情况，了解你接受公民意识教育的状况。调查问卷中所列举的答案没有对错之分，我们只想知道你的真实想法，所以请你根据自己的实际情况来填写，我们将对你的全部个人信息予以保密。

问卷填写说明： 请你仔细阅读问卷中的问题与答案；根据你的实际情况，每题只能选一个答案；在选项上打“√”号。填写问卷时请不要与他人讨论或商量。

请填写你的基本情况

性别：________ 民族：________ 出生年份：________

年级：______________________ 学校：______________________

家庭地址：（本题为单选，请在相应选项上打“√”号）

①城市 ②城郊/乡镇 ③农村

第一部分：

对于下表中的观点，我的想法是哪一种？

	非常赞同	赞同	不赞同	非常不赞同
1. 如果移民不受任何条件限制，可以随意移民，我愿意移民。				
2. 看到国旗在北京奥运会升起的那一刻，我心情澎湃，非常自豪。				
3. 作为我们学校的一员，我应该关心它的发展。				
4. 老师叫同学们自己设计并制作一个便利垃圾箱，我会认真完成。				
5. 我的一个亲戚找了其他民族的人为伴侣，准备结婚，我是否赞同？				
6. 其他国家的战乱纷争，与我无关。				
7. 5·12 汶川大地震时，我会主动捐款帮助受灾群众。				
8. 学习成绩不理想时，我会寻找原因，争取赶上。				
9. 在课堂小组活动中，我会通力合作，完成小组的任务。				
10. 答应别人的事，我最好能做到。				
11. 在公交车上，我会主动给老年人、残疾人或孕妇让座。				

续表

	非常赞同	赞同	不赞同	非常不赞同
12. 外出游玩时，我会把饮料瓶等废弃物丢入垃圾箱。				
13. 不小心踩到同学的鞋子，我会赶快道歉。				
14. 在互联网中，我可以不为他人负责任。				
15. 植树节到来，学校组织植树活动，我会积极参加。				
16. 我认为，选举班长应当公开投票竞选。				
17. 我认为，生命对每个人来说只有一次，应当珍爱生命。				
18. 我家附近发现一家企业偷排污水，影响我的生活用水，应当用法律手段去制止。				
19. 我认为，师生关系应该是民主、平等的。				
20. 我认为，故意损坏学校桌椅、设备，应该赔偿。				
21. 我国公民有对国家机关及工作人员提出建议的权利。				
22. 日本巡逻船在钓鱼岛附近海域冲撞中国渔船、抓扣中国船员，显然侵犯了我国主权。				
23. 台湾是我国领土的神圣组成部分，是不容分割的。				
24. 我符合班长候选人的条件，有被同学们选举的权利。				
25. 假如一位泰国朋友来我校学习，我应和他友好相处，平等待他。				

续表

	非常赞同	赞同	不赞同	非常不赞同
26. 学校近期组织学习《宪法》基本知识的宣传教育活动，我会认真参加。				
27. 我国公民有宗教、言论自由，公民的人身自由不受侵犯。				
28. 学校组织了火灾如何报警、如何逃生等公共安全知识讲座，我会认真参加。				
29. 学生应该积极、主动学习，不应过多依赖老师。				
30. 课外时间，我会做自己喜欢的事情。				
31. 在思想政治课的小组讨论中，我可以发表自己的观点。				
32. 我在见到长辈时经常会主动打招呼。				
33. 作为少数民族儿女，我为穿戴本民族服饰而感到自豪。				

第二部分：

34. 我最能接受通过何种途径产生的班委：

A. 同学推荐　　B. 公开竞选

C. 老师主观安排　　D. 考虑学生家庭背景

35. 当我发现学校的自来水龙头因为没有关紧在滴水时，我会：

A. 不想管闲事，快快走开　　B. 又不是我开的，谁开的谁关

C. 看情况，没事就去关　　D. 走过去关紧水龙头，要节约用水

36. 排队买东西的时候，前面正好有你的熟人，我会：

A. 插到熟人跟前，反正也没人认识我

B. 很想插过去，但怕别人说，没插

C. 看情况，如果很着急就插队

D. 认为还是遵守秩序，不插队好

37. 在商店买了有质量问题的商品，我会：

A. 自认倒霉

B. 通过正当途径要求退货或者更换

C. 老板太可恶了，骂他一顿

D. 不再在该商店买东西

38. 假如我刚好初中毕业待业在家，遇到国家征兵，若我符合条件，我会：

A. 觉得辛苦而不去，宁可外出打工

B. 觉得没有前途而放弃

C. 听家长的安排

D. 去参军，履行每个公民应尽的服兵役义务

39. 假设我转学到一个新学校学习，发现当地人的风俗习惯、行为方式、思维习惯和宗教信仰与自己有很大不同，我应该怎样对待：

A. 想办法改变他们　　B. 使自己变得和他们一样

C. 互相尊重，友好共存　　D. 我行我素，不理他们

40. 对于学校的规章制度，我的表现是：

A. 完全能自觉遵守　　B. 有时能自觉遵守

C. 不能自觉遵守　　D. 完全不遵守

41. 在我看来，我班的“卫生委员”一般是如何产生的?：

A. 老师指定　　B. 老师提名，学生选举

C. 老师不提名，学生选举　　D. 按考试成绩排名得出

42. 在买新衣服时，我的选择是：

A. 只考虑自己喜欢

B. 不考虑自己喜欢，只在意别人的看法

C. 不考虑自己喜欢，只为追求时尚

D. 既考虑自己喜欢，又在意别人的看法

43. 市教育局正在制定中考招生新政策，想听听学生对此政策的看法，我会：

A. 仔细阅读新政策，认真提出意见

B. 不参与

C. 只是观望，不提意见

D. 说不清楚

答题到此结束，再次向你表示感谢！

（2）云南民族地区中小学教师访谈提纲

尊敬的老师：

您好！

公民意识是现代公民所必须具备的基本素养。本次访谈的目的在于了解贵校在公民意识培育方面的基本状况，以便进一步加强和完善公民教育的措施。本访谈为学术研究所用，回答不存在正误之分，请您根据个人的实际情况和真实想法回答。提纲无需署名，不会对您个人产生任何不良影响。

谢谢合作！

性别：________　年龄：________　学历：________

学科：________　职称：________　是否为班主任：________

1. 您认为你们学校对学生公民意识培育重视吗？体现在哪些方面？

2. 您认为学生的国家认同意识是如何体现的？并请举一个实例来说明。

3. 您认为学生的自由意识是如何体现的？并请举一个实例来说明。

4. 你们学校通过哪些渠道开展公民意识培育？您认为还有其他渠道吗？

5. 你们学校采取了哪些方法开展公民意识培育？您认为还有更好的方法吗？

6. 您认为影响学生公民意识的因素有哪些？

7. 您对学生公民意识的培育还有别的看法吗？

（3）中小学教师访谈整理稿[①]

A 教师访谈整理稿

访谈对象：A 教师　云南民族中学

访谈时间：2015 年 5 月 2 日

访谈地点：昆明市云南民族中学学生科办公室

访谈工具：录音笔

采访者：您认为你们学校对学生公民意识的培育重视吗？

A 教师：比较重视。作为学生是受教育者，学校要求首先学会做人，再来学习。学校对德育工作、班主任教育管理工作都比较重视。学校是比较特殊的环节，我们学校有 36 个民族的学生，云南省才有 25 个民族。人与人之间要学会包容，友好相处。

采访者：体现在哪些方面？

A 教师：各民族之间交叉居住，不把同一民族的学生放在一起居住。这样有利于学生包容别人，及其生活理念、民族差异。教育学生一定要互相尊重，互相帮助。

采访者：你们学校开展公民意识培育的内容有哪些呢？

A 教师：请一些专家做讲座、班主任培训，来传播公民教育的内容。内容主要有爱国教育、法律宣传教育、道德教育等。

① 出于文字规范性考虑，作者对部分访谈内容进行了少量字面修改，但均不改变被访者本意。

采访者：还有什么途径来开展公民意识的培育吗?

A 教师：通过电视、广播、书本知识。更多的、更好的还是通过人与人的交流。

采访者：对学生公民意识的培育你们学校采取了哪些具体的方法?

A 教师：采取封闭式管理，每周出去一次。通过电视、广播、班主任对学生的传播，也离不开家长的教育，社会的熏陶。

采访者：您对今后学生公民意识的培育还有别的看法吗?

A 教师：一是学校方面，学校领导首先要从礼仪道德的层面，自身要有这个意识隐患。老师不仅要教授学生课本知识，还要通过课堂来对他们进行思想和心理上的教育和疏导。例如，青春期的生理教育。二是从家庭、社会方面来灌输和引导学生。

B 教师访谈整理稿

访谈对象：B 教师　云南民族中学

访谈时间：2015 年 5 月 2 日

访谈地点：昆明市云南民族中学物理教研室

访谈工具：录音笔

采访者：您认为你们学校对学生公民意识的培育重视吗?

B 教师：十分的重视。

采访者：体现在哪些方面?

B 教师：从国家意识层面来说，每个学校都应该重视的，这样对学生的归属感是十分重要的。我们学校是民族学校，对民族教育比较重视。例如：采取军事化的封闭式管理。很多军校是我们学校的教育实习基地，对学生的影响很大，很多学生都想考取军校（这是从长远的培养目标来说的)。学校的贫困学生很多，对学生的感恩意识、责任感培养比较重视。

采访者：你们学校开展公民意识培育的内容有哪些呢?

B教师：学校专门开设了“我爱你”即“520”感恩活动。从汶川地震后，开始传承下来，目的是让学生学会感恩；学校还出版了由学生写的文化丛书，从理论上和行动上贯穿这种思想，希望学生在成长中对自身有自量精神和责任感。

采访者：您认为学校采取了哪些具体的方法开展学生公民意识的培育?

B教师：常规的班会、书面教材。具体来说是宣讲和阅读材料。

采访者：您对今后学生公民意识的培育还有别的看法吗?

B教师：不同年龄阶段的学生对公民意识的理解是不一样的，还是要从学生最习惯的事物抓起。第一，老师；第二，家庭教育。家庭教育对孩子的影响力是很大的，家庭是第一教育场所，父母是第一任老师，而学校教师是第二任老师，孩子往往受父母的影响比较大。因此，我认为，家庭教育还是十分重要的。

C教师访谈整理稿

访谈对象：C教师　云南民族中学

访谈时间：2015年5月2日

访谈地点：昆明市云南民族中学语文教研室

访谈工具：录音笔

采访者：您认为你们学校对学生公民意识的培育重视吗?

C教师：还是重视的。

采访者：体现在哪些方面？

C 教师：让学生参与所在区县人大代表的选举，参加成人仪式，给予学生的一定的权利，对于学生提出的意见给予一定的回馈。

采访者：你们学校开展公民意识培育的内容有哪些呢？

C 教师：一个是班会时间宣讲一些遵纪守法方面的理论知识；二是通过政治课，学习公民应有的权利和应承担的责任；还有是参加一些社区活动和社会宣传活动学习做人方面的知识。

采访者：您认为学校采取了哪些具体的方法开展学生公民意识的培育？

C 教师：一是基本的教育，从理论上的认知；二是通过实践层面，即参与活动来培育公民意识。

采访者：您认为还有更好的方法吗？

C 教师：我认为就目前的情形来看没有更好的方法。对于学生来说，对公民拥有的权利和应尽的义务还不是很清楚，让学生来更多的理解，实现这个还不是很现实。

采访者：您能展望一下公民意识培育的未来发展趋势吗？

C 教师：公民意识还是不能脱离大环境，要赋予公民更多的权利与义务，不仅需要理论上的教育，还要结合社会实际教育。例如，高三学生都不知道人大代表候选人是谁，却走形式的排着队去选举。我认为这样就脱离了教育实际，会歪曲公民意识的培育。对公民意识的培育是个学生逐步成长的过程，要具体细化到、渗透到教育活动中。

D 教师访谈整理稿

访谈对象：D 教师　云南民族中学

访谈时间：2015 年 5 月 2 日

访谈地点：昆明市云南民族中学政治教研室

访谈工具：录音笔

采访者：您认为你们学校对学生公民意识的培育重视吗？

D 教师：还是非常重视的。

采访者：体现在哪些方面？

D 教师：一是教科书的层面，按照教学大纲要求教授学生；二是活动的层面，例如每周的升国旗仪式，是爱国情操的具体体现。

采访者：你们学校开展公民意识培育的内容有哪些呢？

D 教师：公民意识培育的内容，主要是爱国意识，从公民的义务方面来说，学校抓得很紧。通过各种渠道得到发展。采取的方式、方法还是很多的，就像升国旗仪式、团队活动、广播站等，来开展公民意识的培育。

采访者：您能展望一下公民意识培育的未来发展趋势吗？

D 教师：由于学生有个体差异，导致学生的发展有所不同。但是法律是公民最起码的遵循要求和尺度，我们要不断加强学生公民意识的学习和组织的培养，公民的思想是活的，也是不断发展的，公民在成长过程中形成的世界观、人生观、价值观对其发展至为重要，老师在此起到潜移默化的辅助作用。所以，我感到我们所做的工作既有责任感也有成就感。

E 教师访谈整理稿

访谈对象：E 教师　云南民族中学

访谈时间：2015 年 6 月 11 日

访谈地点：昆明市云南民族中学高一级部办公室

访谈工具：录音笔

采访者：您认为你们学校对学生公民意识的培育重视吗？

E 教师：比较重视。学校是个特殊性机构，学生大部分都来自各个地州，少数民族学生比较多，学校正因为学生生源的特殊性，意识到在这样一个封闭式的环境中，不加强这方面的教育可能会对学生带来负面的影响。应该说在方方面面都比较重视对学生公民意识的培养。

采访者：体现在哪些方面？

E 教师：一是校园主体氛围的理论宣传、建设与强化；二是学生课余文化活动的开展，特别是社团活动的开展也与公民意识的培育结合在一起。

采访者：您认为学生的国家认同意识是如何体现的？请举一个实例来说明。

E 教师：我认为国家认同意识既体现在理论层面也体现在具体细节中，通过点滴细微的实践活动感知学生的实际情况，再给学生具体的引导促进学生的发展。例如：汶川大地震后，学校做了一个全方位的、比较细致的活动，组织学生开展爱心募捐，然后将这种国家认同意识延伸到了爱集体、爱家乡。这样一个由国家认同意识延伸到爱家乡、爱集体的活动，是非常有价值、有意义的。

采访者：您认为学生的自由意识是如何体现的？并请举一个实例来说明。

E 教师：我觉得我们学校的学生个体自由意识还是能够充分体现的。比如说，学校通过开展团学活动、文体比赛活动，课余文化生活，让学生利用自己的课余时间去发挥、释放自己的自由个性。

采访者：您认为学校采取了哪些渠道开展公民意识的培育？

E 教师：我认为主要是通过学校德育工作者，像班主任老师、政教处、校团委这些渠道来开展。

采访者：还有什么途径来开展公民意识的培育吗？

E 教师：具体地说，通过电视、广播、书本知识。更多的、更好的还是通过人与人的交流。

采访者：对学生公民意识的培育你们学校采取了哪些具体的方法？

E 教师：学校采取封闭式管理，学生每周只能出去一次。通过电视、广播、班主任对学生的传播，也离不开家长的教育，社会的熏陶。

采访者：您对今后学生公民意识的培育还有别的看法吗？

E 教师：时代在发展，学生对各方面意识的概念理解也模糊，对各方面的意识毕竟不是那么的强烈。作为中学教师，作为班主任，作为一个教育者，还要给学生有力的引导，有些东西还要单项的灌输，能够使学生各方面意识得到培养，在培育之后进行强化，应加大学科教学力度。比如，政治课、历史课、语文课、人文社会学科以及班会课的培养。这些应该继续保持下去，而且还要加大培养的力度。

F 教师访谈整理稿

访谈对象：F 教师　云南民族中学

访谈时间：2015 年 6 月 11 日

访谈地点：昆明市云南民族中学高二级部办公室

访谈工具：录音笔

采访者：您认为你们学校对学生公民意识的培育重视吗？

F 教师：比较重视的。

采访者：体现在哪些方面？

F 教师：体现在我们的学生干部都是民主选举的，都是一次性的直选。没有哪个是干部的孩子或老师指定的。

采访者：您认为学生的国家认同意识是如何体现的？请举一个实例来说明。

F教师：在学校主要体现就是升国旗仪式上。具体来说，学生对国家责任问题、国家安危问题、国土问题都是比较关注的，很多老师还通过各科的教学在不断渗透这些意识。

采访者：您认为学生的自由意识是如何体现的？并请举一个实例来说明。

F教师：对于学生的自由意识更多的体现在学校规章制度下的学习上。比如，在早晨的晨读课上，学生可以阅读自己喜欢的书籍；在课外活动时间，可以做自己喜欢做的一些事情，像打篮球、踢足球等。

采访者：您认为学校采取了哪些渠道开展公民意识的培育？

F教师：我们学校是省文明单位，每两年评一次。学校很重视对学生公民意识的培育，主要通过班主任在主题班级例会中培育。其他方面例如，生活习惯、卫生习惯通过学生之间的互相监督、教师监督来培养。

采访者：对学生公民意识的培育你们学校采取了哪些具体的方法？

F教师：以主题班会的阅读学习为主，以课余文化生活、社会团体活动、学校环境的熏陶等为辅。

采访者：您认为影响学生公民意识的因素有哪些？

F教师：我认为，从环境上来说，社会环境是一个重要的影响因素；个体上来说，个体信仰也是一个重要因素。具体来说，一方面，学生通过学校教育后步入社会，社会环境的新鲜性、复杂性可能会给个体带来一些负面的、消极的影响；另一方面，在现代社会环境下，学生个体信念有些缺失，再加上父母的信念往往会影响学生的信念。

采访者：您对今后学生公民意识的培育还有别的看法吗？

F 教师：客观上说，我国更注重从学校教育角度来加强对公民意识的培育，而有不少国家注重家庭教育的培育。我国往往把对公民意识的培育推到学校，以为学校就是教育的万能之地，其实更多的、更好的应该从家庭教育开始。我认为，家庭教育、家长才是培育学生公民意识的根源，只有通过家庭教育、学校教育，再到社会教育，这样才能使学生的公民意识更理想。

G 教师访谈整理稿

访谈对象：G 教师　云南民族中学

访谈时间：2015 年 6 月 11 日

访谈地点：昆明市云南民族中学初中部办公室

访谈工具：录音笔

采访者：您认为你们学校对学生公民意识的培育重视吗？

G 教师：还是重视的。

采访者：体现在哪些方面？

G 教师：我认为，体现在学校对学生的生命教育、自我人格教育、三生教育以及人生价值、人生意义这些方面。

采访者：您认为学生的国家认同意识是如何体现的？请举一个实例来说明。

G 教师：由于大部分学生来自各地州，都是少数民族孩子，从小就在国家的优惠政策扶持下学习、生活，在各方面环境的影响及熏陶下，国家认同意识、民族自豪感还是比较强烈的。这些意识的培育并不在于学校刻意地去塑造，而是伴随学生自身的成长而不断完善。

采访者：您认为学生的自由意识是如何体现的？并请举一个实例来

说明。

G 教师：我觉得我们学校学生自由意识还是在正常范围内，学生在学校一定的规则下，能够根据自己的爱好、特长来选择自己的兴趣方向。比如说，周日休息时间，有的学生还是喜欢到教室来看书，我们就根据学生的需要提供相应自习室服务。我认为这充分体现了学生自由意识的特性。

采访者：您认为学校采取了哪些渠道开展公民意识的培育？

G 教师：在这方面，我感觉一是更多在常规班级例会上直接培育学生公民意识；二是在学科教学的渗透上，尤其是班主任和任课教师的潜移默化作用；三是一些学校活动，例如高原艺术节、体育艺术节等。

采访者：对学生公民意识的培育你们学校采取了哪些具体的方法？

G 教师：说到方法上，我感觉有正面教育、反面比较、侧面烘托以及环境潜移默化的熏陶等方法。

采访者：您认为影响学生公民意识的因素有哪些？

G 教师：首先，我觉得学生应认识到自己是一个独立的人，拥有一定的自主意识，缺乏自主意识是影响公民意识的一个重要因素。比如，在学习上应是我要去学习，而不是被动的学习。其次是家庭教育方面，父母给孩子树立了、灌输了怎样的榜样和观念，给予了学生更微观细节上的意识，决定了学生今后的公民意识素养。再次是学校教育方面，虽不如家庭教育细腻，但给予学生宏观上的意识。最后，社会环境应得到家庭、学校教育的高度重视，因为社会环境非常复杂有可能会颠覆学生已有的公民意识，应值得注意。

采访者：您对今后学生公民意识的培育还有别的看法吗？

G 教师：我感觉如果每一个人都能从小就培育公民意识，明确自己应有的权利与相应的义务，那么我们的社会就会更加和谐。这样就不会出现一些犯罪分子，这些罪犯之所以走上犯罪道路，就是因为有些公民意识的缺失或被外观的物质所麻痹而导致。所以，我认为今后还是要加大公民意识教育的力度，尤其是在中小学生发展阶段。

H 教师访谈整理稿

访谈对象：H 教师　云南民族中学

访谈时间：2015 年 6 月 11 日

访谈地点：昆明市云南民族中学初中部办公室

访谈工具：录音笔

采访者：您认为你们学校对学生公民意识的培育重视吗？

H 教师：还是比较重视的。

采访者：体现在哪些方面？

H 教师：比如说，每年的“520”感恩日、升国旗仪式、安全教育方面的演练等都是学生公民意识培育重视的体现。

采访者：您认为学生的国家认同意识是如何体现的？请举一个实例来说明。

H 教师：就像刚才所说的升国旗仪式，每到周一升国旗学生都自觉列队整齐的来到操场参加升旗仪式，我认为这就是国家认同意识的一种体现。

采访者：您认为学生的自由意识是如何体现的？并请举一个实例来说明。

H 教师：就学习方面来说，我校学生可以在课余时间翻阅喜欢的书籍，学生拥有更多的自由学习空间，我认为这就是自由意识的一种体现。

采访者：您认为学校采取了哪些渠道开展公民意识的培育？

H 教师：一是校内活动渠道，如“520”感恩日、升国旗仪式；二是课程渠道，如民族团结教育课、政策法规课；三是外部渠道，学生经常受到各方面的慈善资助以及教育家的奖学金资助。

采访者：对学生公民意识的培育你们学校采取了哪些具体的方法？

H 教师：一是学科课程上，课堂上的讲道理及渗透法；二是在班级开展学习好人好事精神的榜样法；三是做一些公民教育方面的板报宣传、信息条幅、走廊文化以及各种知识竞赛等潜移默化的熏陶、感染法。

采访者：您认为影响学生公民意识的因素有哪些？

H 教师：一是个人品行的教育因素，许多学生是少数民族，一些风俗习惯会伴随，个人的基本素养还是最根本的。二是学校教育机构是最重要的，他是纠正一些家庭教育中不适因素的良好场所。三是家庭教育中家长是学生的第一任教师，他们的素质会潜移默化地影响学生。四是社会环境也是影响学生公民意识的一个必要因素。

采访者：您对今后学生公民意识的培育还有别的看法吗？

H 教师：我认为，要想较好地培育学生公民意识要注意以下几点。首先，家长、老师自身要有较好的公民意识为先导。其次，家庭教育、学校教育及社会教育三者在公民意识的培育过程中是不可或缺的，少了其中之一公民意识的培育便有了缺失；只有将三者有机紧密地结合在一起，才是培育学生公民意识的良好途径。

I 教师访谈整理稿

访谈对象：I 教师　云南民族中学

访谈时间：2015 年 6 月 11 日

访谈地点：昆明市云南民族中学初中部办公室

访谈工具：录音笔

采访者：您认为你们学校对学生公民意识的培育重视吗？

I 教师：是重视的。

采访者：体现在哪些方面？

I 教师：学校没有刻意去做形式上的公民意识课程，而是在课堂上通过老师和同学们的交流中来感染学生的意识。

采访者：您认为学生的国家认同意识是如何体现的？请举一个实例来说明。

I 教师：我认为，学生在面对外部事物时最能体现国家认同意识；还有同学们认真观看、学习航天英雄杨利伟的先进事迹；再如，一旦国家有危难，学生都会心系国家的安危与发展。这些都是国家认同意识的良好体现。

采访者：您认为学生的自由意识是如何体现的？并请举一个实例来说明。

I 教师：我发现很多学生在完成课上布置的作业以外，还主动地、自觉地学习及预习一些课程，能够做到查漏补缺。我觉得这就是一种个体自主性、自由意识的体现。

采访者：您认为学校采取了哪些渠道开展公民意识的培育？

I 教师：一方面是在课堂上对学生的渗透，另一方面是课余时间通过一些具体事例对学生讲道理。

采访者：对学生公民意识的培育你们学校采取了哪些具体的方法？

I 教师：学校采用了说服法、讲道理、榜样示范法、实地观摩法等。

采访者：您认为影响学生公民意识的因素有哪些？

I 教师：我认为，影响公民意识的因素主要是三位教育。家庭教育是第一位教育，家长公民素质的高低决定了学生潜意识中的公民素养；社会教育是第二位，社会环境也会直接影响学生公民意识的培育；学校教育是第三位，学校作为一个专门的教育机构不仅要纠正家庭、社会等方面带来的不良风气，还要提升学生公民意识的内在潜力发展。

采访者：您对今后学生公民意识的培育还有别的看法吗?

I 教师：对公民意识的培育更多地要从学生内心出发，挖掘学生内心深处的需要，用良好的教育来填补学生的内心，使学生明白做人的道德要求。让学生明白老师对学生的教育是一种心灵上的启发，是一种做正直人的教育；逐步让学生学会做人，学会学习，学会感恩，从个人潜意识中明白作为公民应具备的各种素质及履行的各项义务。

J 教师访谈整理稿

访谈对象：J 教师　云南民族中学

访谈时间：2015 年 6 月 11 日

访谈地点：昆明市云南民族中学初中部办公室

访谈工具：录音笔

采访者：您认为你们学校对学生公民意识的培育重视吗?

J 教师：相当重视。

采访者：体现在哪些方面?

J 教师：体现在升国旗仪式、在国旗下的演讲等。

采访者：您认为学生的国家认同意识是如何体现的？请举一个实例来说明。

J 教师：我认为，中学生的国家认同意识体现在我校组织的“爱我中华演讲比赛”上，通过这个比赛我们发现，很多学生都争先恐后的演讲，自己写的小小文章，可以看出学生们对我们的国家、我们的领导人是多么热爱，这就是国家认同意识的一种深刻体现。

采访者：您认为学生的自由意识是如何体现的？并请举一个实例来

说明。

J教师：我认为，自由意识应该和学生的个性息息相关。个性外向的学生自由意识可能更强一些，不会过多地考虑一些规章制度，有时会显现出一种过度的自由意识；个性内向的学生在规章制度的约束下自由意识反而不会那么突显，他考虑事物可能更细致、更多些。所以，我认为自由意识是学生个体自我约束力的一种高度呈现。

采访者：您认为学校采取了哪些渠道开展公民意识的培育？

J教师：一方面是通过主题班会、国旗下讲话、爱我中华演讲比赛这些活动渠道上来培育；另一方面是通过老师在课堂上的教学渗透，比如，语文、政治、历史等文科性质的学科课程可能渗透的更直接、更多些，数学、物理、化学这些理科性质的学科课程渗透的间接些。

采访者：对学生公民意识的培育你们学校采取了哪些具体的方法？

J教师：学校采用了榜样示范法、活动板报宣传、实地参观、网络道德讲坛、网络视频教育等。

采访者：您认为影响学生公民意识的因素有哪些？

J教师：一是社会大环境对学生公民意识的影响比较大，二是学校教育机构影响学生公民意识的培养；三是家庭教育场所的扶持培养不容忽视。

采访者：您对今后学生公民意识的培育还有别的看法吗？

J教师：我认为更多的还要采取宣传教育的模式，鼓励学生积极参加实践活动。从学校实践、社会活动实践中体现公民意识，发现公民意识缺陷，加大今后公民意识的培育定位与力度，进一步结合时代特色培育学生较强烈的公民意识素养。这个公民意识的话题是当今社会发展不可忽视的热点话题与基础性问题，我们作为教育者应给予高度重视。

K 教师访谈整理稿

访谈对象：K 教师　云南民族中学

访谈时间：2015 年 6 月 11 日

访谈地点：昆明市云南民族中学初中部办公室

访谈工具：录音笔

采访者：您认为你们学校对学生公民意识的培育重视吗？

K 教师：重视的。

采访者：体现在哪些方面？

K 教师：体现在班会课上着重培养学生的集体荣誉感、毕业后面向社会做人的一些基本知识；学科课堂教学课的渗透等。

采访者：您认为学生的国家认同意识是如何体现的？请举一个实例来说明。

K 教师：中学生的国家认同意识体现在，学生认真参加升旗仪式；学校主办的庆国庆演讲比赛，学生都踊跃报名参加演讲及活动的表演；2011 年盈江地震学生主动捐款、捐物；等等。

采访者：您认为学生的自由意识是如何体现的？并请举一个实例来说明。

K 教师：学生的自由意识体现在思想教育上，我会让学生无拘束地说出自己的想法及观念，听取他的想法及观念后，我会针对他的观念存在的不足及不当之处给予指正。学生的自由意识还体现在学生对自我约束力的控制方面，学习成绩好的学生自由意识比较强烈，能够自我的学习与生活；学习成绩差的学生学习上不积极、不主动，生活上无秩序，攀比心较强，有随大流的现象。

采访者：您认为学校采取了哪些渠道开展公民意识的培育？

K教师：一是学校的例行活动。比如，学校的定期班会、各种团学活动、文艺表演、红高粱体育运动节、学生会滴水文学社举行的音乐演奏会等。二是班级课堂教学的渗透。以我教的英语来说，我会把其他国家人民的优良生活习惯及好的学习方法在课上讲给学生听。

采访者：对学生公民意识的培育你们学校采取了哪些具体的方法？

K教师：在学校例行的班会上，我采用大面积的讲授法及讨论方法；对个别学生问题我会采用个别谈话法；还经常与家长沟通了解学生的生活情况。

采访者：您认为影响学生公民意识的因素有哪些？

K教师：我认为环境非常重要，大到社会环境、学校环境、家庭环境，小到班级环境，这些都是影响学生公民意识的因素。

采访者：您对今后学生公民意识的培育还有别的看法吗？

K教师：现在独生子女较多，学生比较自我，在公民意识培育问题上，应更多的使学生融入实践生活，进一步明确公民意识培育的目标，树立各阶段学生的人生目标及奋斗目标，使学生明确前进的方向。这些目标的规划亟待加强与完善。

L校长访谈整理稿

访谈对象： L校长　云南民族中学

访谈时间： 2015年6月11日

访谈地点： 昆明市云南民族中学校长办公室

访谈工具： 录音笔

采访者：您认为你们学校对学生公民意识的培育重视吗？

L 校长：非常重视。

采访者：体现在哪些方面？

L 校长：学校的教育目标首先是育人，其次是教学；先“上”人品再上大学的宗旨。体现在学校举办的“520”感恩日，对贫困学生进行贫困帮助，高三学生围绕滇池徒步五公里宣传滇池的环保，经常到社区进行打扫卫生等提供一些力所能及的帮助，学校内部有法制副校长、外部有校外辅导员进行法制教育的辅导与宣传。

采访者：您认为学生的国家认同意识是如何体现的？请举一个实例来说明。

L 校长：通过学校团委来体现，团委书记经常来做讲座，分析国内国外的形式、中华民族的优秀传统等，通过这些提高学生的公民意识。比如说，升旗仪式，学生一听到国歌就会驻足，面向国旗肃然起敬。

采访者：您认为学生的自由意识是如何体现的？并请举一个实例来说明。

L 校长：通过社团活动自由管理，自主管理，每年组织的大型社团活动，让学生自己组织，自己管理。就拿校服来说，我们要求是周一至周四必须穿，周五可以不穿校服，给学生留下一定的自由空间；新课改来说，提倡自由、民主，课程讲授，更注重给学生自发的意识。

采访者：您认为学校采取了哪些渠道开展公民意识的培育？

L 校长：通过校外辅导员、家长委员会、法制副校长来做安全讲座，禁毒大队来做禁毒讲座；采取学校、社会、家长来做“三位一体”的学生交流与讲座。

采访者：对学生公民意识的培育你们学校采取了哪些具体的方法？

L 校长：主要有讲授法、实践法、榜样示范法。

采访者：您认为影响学生公民意识的因素有哪些？

L 校长：一是社会影响，二是家长影响，这二者对学生的影响是非常大的。有的家长会说学生教育的不好是学校的责任，其实并不是学校的单项工作，学生大部分时间还是生活在家庭和社会里。要提高学生的公民意识要从全民精神文化建设和文明建设入手。

采访者：您对今后学生公民意识的培育还有别的看法吗?

L校长：首先，培育学生公民意识思想要有环境，我们学校教育提倡氛围，让学生自我管理，营造良好的环境氛围，让学生自觉自愿地自我管理与学习。其次，学生公民意识的培育紧跟国家政府的精神文化建设、文明建设，民族地区会发展越来越好的。

附录2 义务教育品德与生活课程标准、义务教育品德与社会课程标准（2011年版）

品德与生活课程标准

第一部分 前言

良好品德是健全人格的根基，是公民素质的核心。在当今世界，民族素质和创新能力越来越成为综合国力的重要标志。国际竞争的加剧推动着基础教育课程向着更加重视公民道德教育，更加重视创新意识培养的方向发展。在我国，构建社会主义和谐社会，加快建设创新型国家的历史重任，要求基础教育必须加强社会主义核心价值体系教育，培养学生良好的公民道德素质和勇于探究的创新精神与实践能力。

小学低年级阶段是儿童从幼儿生活向小学生活过渡并逐步适应学校生活的重要时期，也是儿童品德和行为习惯、生活态度、认知能力发展的重要时期。品德与生活课程根据社会与时代发展的需要和儿童更好地适应学校生活，形成良好的品德和行为习惯，在充满探究与创造乐趣的童年生活中，为学会生活、学会做人打下基础。

一、课程性质

品德与生活课程是一门以小学低年级儿童的生活为基础，以培养具有良好品德与行为习惯、乐于探究、热爱生活的儿童为目标的活动型综合课程。

本课程具有如下基本特征。

（一）生活性

本课程视儿童的生活为宝贵的课程资源。课程学习本身是儿童生活的组成部分，是儿童在教师指导下真实体验生活、主动参与生活、创造生活的过程。

本课程遵循儿童生活的逻辑，以儿童生活中的需要和问题为出发点；以儿童的现实生活为课程内容的主要源泉；以用正确的价值观引导儿童在生活中发展、在发展中生活为课程的基本追求。

（二）活动性

本课程超越单一的书本知识的传递和接受，以活动为教和学的基本形式。课程的呈现形态主要是儿童直接参与的各种主题活动、游戏或其他实践活动；课程目标主要通过儿童在教师指导下的活动过程中的体验、感悟和主动建构来实现。

（三）综合性

本课程以儿童的生活为基础，具有综合性。课程设计体现儿童与自然、儿童与社会、儿童与自我的内在整合；课程内容体现品德教育和生活教育有机融合；教学活动体现儿童的生活体验与道德体验，知识学习与社会参与、问题探究等彼此渗透、相互促进，实现生活、教学、发展的三位一体。

（四）开放性

本课程面向儿童的整个生活世界。教学目标随着儿童生活及活动过程的变化和需要不断调整；教学内容从教科书扩展到儿童生活的各个方面；课堂从教室扩展到家庭、社区以及儿童的其他生活空间；教学时间在学校其他活动或学科的配合和联结中灵活而弹性地延展；课程评价走向开放、多元，全面关注儿童丰富多彩的体验和个性化的创意与表现。

二、课程基本理念

（一）引导儿童热爱生活、学会关心、积极探究是课程的核心

品德与生活教育应当引导儿童在体验自身生活和参与社会生活的过程中，学会热爱生活、创造生活；在服务自我、他人和集体的行动中，学习关心、学习做人；在与自然以及周围环境的互动中，主动探究，发展创新意识和实践能力。

（二）珍视童年生活的价值，尊重儿童的权利

童年是一个蕴藏着巨大发展潜力的生命阶段。童年生活具有不同于成人生活的需要和特点，它本身蕴藏着丰富的发展内涵与价值。

学校生活是童年生活的重要组成部分，参与并享受愉快、自信、有尊严的学校生活是每个儿童的权利。

（三）道德存在于儿童的生活中，德育离不开儿童的生活

道德寓于儿童生活的方方面面。儿童品德的形成源于他们对生活的体验、认识、感悟与行动。只有源于儿童实际生活和真实道德冲突的教育活动才能引发他们内心的而非表面的道德情感、真实的而非虚假的道德认知和道德行为。良好品德的培养必须在儿童的生活中进行。

（四）让教与学植根于儿童的生活

儿童的知识是通过其在生活及活动中的直接体验、思考、积累而逐步建构起来的；儿童的发展是其怀着对生活的热爱，通过参与丰富多彩的生活实践，与外部环境积极互动而逐步实现的。课程必须植根于儿童的生活才会对儿童有意义，教学必须与儿童的生活世界相联系才能真正促进儿童的成长。

三、课程设计思路

品德与生活课程以儿童的生活为基础，以三条主线和四个方面构成课程的基本框架。

三条主线是：

- 儿童与自我
- 儿童与社会
- 儿童与自然

四个方面是：

- 健康、安全地生活
- 愉快、积极地生活
- 负责任、有爱心地生活
- 动手动脑、有创意地生活

三条主线和四个方面交织构成儿童生活的基本层面。

健康、安全地生活是儿童生活的前提和基础，它旨在使儿童从小知道珍爱生命，养成良好的生活习惯，获得基本的健康意识和生活能力，初步了解人与环境的生存的关系，为其一生身心健康地发展打下基础。

愉快、积极地生活是儿童生活的主调，它旨在使儿童获得对社会、对生活的积极体验，初步懂得和谐的集体生活的重要性，发展主体意识，形成开朗、进取的个性品质，为其形成乐观向上的生活态度打下基础。

负责任、有爱心地生活是儿童自身的道德需求，也是社会的要求。它旨在使儿童形成对集体和社会生活的正确态度，学会关心、学会爱，学会负责任，养成良好的品德和行为习惯，为其成为爱祖国、爱人民、爱劳动、爱科学、爱社会主义的公民打下基础。

动手动脑、有创意地生活是儿童个性发展的内在需要，也是时代提出的要求。它旨在引导儿童学会学习，发展认识能力、动手能力和创造性，利用自己的知识和聪明才智去探究或解决问题，让生活更丰富更美好，并在此过程中充分地展现并提升自己的智慧，享受创造带来的欢乐。

第二部分　课程目标

品德与生活课程旨在培养具有良好品德和行为习惯、乐于探究、热爱生活的儿童。

本课程引导和帮助学生达到以下四个方面的目标。

（一）情感与态度

- 爱亲敬长，爱集体、爱家乡、爱祖国。
- 珍爱生命，热爱自然。
- 自信向上，诚实勇敢，有责任心。
- 喜欢动手动脑，乐于想象与创造。

（二）行为与习惯

- 初步养成良好的生活、卫生习惯。
- 养成基本的文明行为习惯。
- 乐于参加劳动和有意义的活动。
- 保护环境，爱惜资源。

（三）知识与技能

- 掌握自身生活必需的基本知识和基本技能。
- 具有与同伴友好交往、合作的基本方法和技能。
- 具有初步的探究能力。
- 初步了解生活中的自然、社会常识。
- 初步了解有关祖国的知识。

（四）过程与方法

- 体验提出问题、探究或解决生活中的问题的过程。
- 初步体验与社区和社会生活相联系的学习过程。
- 学习几种简单的调查研究方法并尝试应用。

第三部分　课程内容

健康、安全地生活
初步养成良好的生活、卫生习惯 1. 按时作息，生活有规律。 2. 养成良好的饮食和个人卫生习惯。 3. 生活中自己能做的事情自己做。 4. 爱护家庭和公共环境卫生。 5. 知道初步的保健常识并在生活中运用。 **有初步的自我保护意识和能力** 6. 了解天气、季节变化对生活的影响，学会照顾自己。 7. 了解儿童易发疾病的有关知识，积极参加预防疾病的活动。 8. 使用玩具、设备进行活动时，遵守规则，注意安全。 9. 认识常见的交通标志和安全标志，遵守交通规则。不到危险的地方去玩，避免意外伤害。 10. 了解当地多发的自然灾害的有关知识，知道在紧急情况下的逃生或求助方法。 **适应并喜欢学校生活** 11. 在学校里情绪安定，心情愉快。 12. 熟悉学校环境，能利用学校中的卫生保健设施。
愉快、积极地生活
愉快、开朗 1. 喜欢和同学、老师交往，高兴地学，愉快地玩。 2. 亲近自然，喜欢在大自然中活动，感受自然的美。 3. 在成人帮助下能较快地化解自己的消极情绪。 **积极向上** 4. 能看到自己的成长和进步，并为此而高兴。

续表

5. 在成人的引导下学会正确地对待自己的学习成绩。 6. 在成人帮助下能定出自己可行的目标，并努力去实现。 7. 学习欣赏自己和别人的优点与长处，并以此激励自己不断进步。 **有应对挑战的信心与勇气** 8. 学习与生活中遇到问题时愿意想办法解决。 9. 敢于尝试有一定难度的任务或活动。
负责任、有爱心地生活
学会做事，学会关心 1. 做事认真负责，有始有终，不拖拉。 2. 爱父母长辈，体贴家人，主动分担力所能及的家务劳动。 3. 关心他人，友爱同伴，乐于分享与合作。 4. 认真完成自己承担的任务。 **遵守社会道德规范** 5. 懂礼貌，守秩序，爱护公物，行为文明。 6. 能初步分辨是非，做了错事勇于承认和改正，诚实不说谎。 7. 尊重社会各行各业的劳动者，爱惜他们的劳动成果。 8. 爱护动植物，节约资源，为保护环境做力所能及的事。 **爱祖国、爱家乡、爱集体** 9. 喜欢集体生活，爱护班级荣誉。 10. 了解家乡的风景名胜、主要物产等有关知识，感受家乡的发展变化。 11. 热爱革命领袖，了解英雄模范人物的光荣事迹。 12. 尊敬国旗、国徽，学唱国歌。为自己是中国人感到自豪。
动手动脑、有创意地生活
有好奇心和多样的兴趣 1. 喜欢提问和探寻问题的答案。 2. 对周围环境充满兴趣，喜欢接触新鲜事物。

续表

设计与制作
3. 喜欢利用身边的材料自制小玩具、小礼物或布置环境等来丰富和美化生活。
4. 能根据需要动手做简单的道具、小模型、小物品等来开展活动。
勤于思考，学习探究
5. 能积极地出主意、想办法来扩展游戏或推进活动。
6. 学习用观察、比较、调查等方法进行简单的生活和社会探究活动。
7. 能与同伴交流、分享、反思探究的过程或成果。
8. 能对问题提出自己的想法与看法。
9. 学习利用图书、电视、网络等多种方法收集需要的资料。
10. 在成人的帮助下，能总结、提升获得的经验或信息。

“课程内容”说明

本课程内容为基本标准。在开展教学活动和编写教材时，在全面、准确地把握本课程标准的前提下，根据各地区、学校和儿童的实际可以有所调整。

“课程内容”中四个方面的内容虽然各有侧重，但它们之间是相互联系、相互贯通、整体呈现的。在健康、安全的前提下，儿童的生活既要充满乐趣与色彩，也应当富有责任与创造。因此，在实施中不要将它们割裂开来。

第四部分　实施建议

一、教学建议

（一）深刻理解本课程的性质、特征和基本理念

本标准中关于课程性质、特征和基本理念的部分，集中体现了本课程的指导思想和核心价值，是课程的灵魂所在。在教学中深刻地理解课程的本质，是实施课程的根本，也是保证课程质量的最重要、最基本的

条件。

（二） 全面把握课程目标

课程的目标是本课程的宗旨和价值导向。目标的四个方面是一个有机结合的统一体。在教学过程中应全面地把握目标，始终把培养品德良好、乐于探究、热爱生活的儿童作为教学的出发点和归宿。改变追求表面的学业成果，忽视儿童的精神成长，忽视深层的态度、观念、思维方式、情绪情感发展的倾向；改变偏重道德说教、偏重形式，忽视儿童的真实体验与良好行为习惯形成的倾向；改变偏重知识灌输或技能训练，忽视儿童的好奇心与实践能力，特别是创造能力发展的倾向，确保课程目标的全面实现。

（三） 正确认识教师的角色和作用

在本课程中，教师是儿童学习的支持者、合作者、指导者。在教学中，教师不是单纯的知识传授者，不是“教”教科书的人，而是努力为儿童创设适宜的活动环境与条件的支持者；与儿童共同进行活动的合作者；在参与儿童活动的过程中，引导活动向正确方向发展，带领儿童向着课程目标前进的指导者。

在本课程中，教师的主导作用主要通过寓教育于活动之中来实现。儿童在教师的支持和引导下，通过亲历活动去达到教育目标。

（四） 把了解儿童作为教学的基础

鉴于本课程的性质和特点，教学必须以深入地了解儿童为基础。教学的每一个环节都需要在了解儿童的实际生活和发展状况，掌握每个儿童的特点和各不相同的需要，了解其所在的家庭和社区的状况等基础上进行。（参见下图）

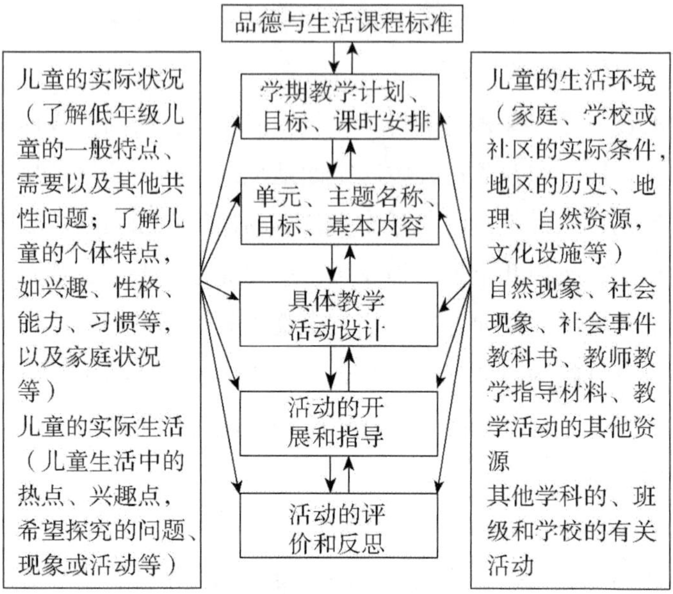

品德与生活课程实施环节示意图

（五）以活动为教与学的基本形式

通过引导儿童主动参与各类活动来进行教学，是本课程教学的一大特点。

在本课程中，儿童获取知识的主要途径是通过活动主动地进行建构，而不是依赖教师的直接传授。教学应引导儿童通过观察、调查、讨论、参观、访问、制作、种植、饲养、交流等多种方式进行学习，与环境互动、与同伴合作，来获得对自然与社会的亲身体验和感受，获得丰富的知识或经验，获得创造性和实践能力的发展。

（六）教学过程的注意点

1. 教学准备

（1）尽可能通过多种方式了解儿童及其家庭、社区的实际状况，重视做好课前的学情分析，根据不同地区与班级儿童的实际，制订有针对性教学活动计划。

（2）教学活动的目标力求全面、明确、具体，并能通过活动得以实现。

（3）活动计划要注意个别差异，关注有特殊需要的儿童，考虑如何帮助每个儿童找到适合自己的活动，以促使他们积极地参与。

（4）教学活动时间的安排要根据活动内容，有相对的灵活性、开放性。教学可计划在一课时内完成，也可持续几课时或一段时间；可在课堂上完成，也可安排必要的课前准备活动或课后延伸活动来配合。

2. 教学内容选择

（1）源于儿童生活

关注儿童的实际生活，关注儿童的兴趣和需要，关注儿童成长中的困惑与问题，从中捕捉有教育价值的课题作为教学内容或课程的生长点，提高教学的针对性。

（2）符合国情和地区实际，从本校本班的实际出发

结合社会生活中儿童能够理解的重大事件或有意义的公益活动、科学技术的新成果、儿童感兴趣的当地的自然现象、与儿童关系密切的热点问题等开展教学活动，保持课程内容的丰富与鲜活。

（3）正确理解和应用教科书

本课程的教科书是教师引导儿童开展活动的重要资源，也可视为帮助教师正确理解本课程教学特点的“案例”。在使用教材时，要避免照本宣科或生搬硬套，就结合实际创造性地选择适合的内容，生成适宜的活动，提高教学的实效性。

3. 活动组织

（1）选择适宜的活动形式

活动形式要服从于内容，要符合儿童的生活经验、认识能力、学习

方式等，切忌脱离实际，为活动而活动，搞形式主义。教师可根据活动目标、内容、条件、资源、班额的不同，因地制宜、因儿童制宜，选择适宜的活动形式。

（2）重视活动的整合与连续

儿童品德和行为习惯的形成、知识和经验的积累、能力与智慧的增长是在其生活中综合地实现的，是一个连续的发展过程。因此，加强教育活动之间的整合与连续对提高课程的实效性至关重要。

本课程活动应注意与班级活动、学校活动、少先队活动、社区活动、节日庆典活动等结合起来；加强与其他学科的联系，促进跨学科的联合学习，不断扩展和深化儿童的经验和体验。

本课程活动应注意活动之间的相互联系，螺旋上升、层层递进。各单元之间、学期之间的活动相互呼应，相互强化，让课程能够持续不断地、广泛而深入地影响儿童的实际生活，帮助儿童获得彼此联系的、不断深化的经验和体验。

（3）开放地组织活动

本课程的活动应注意与家庭和社区合作，发掘和利用各方面的资源，打破封闭的、孤立的课堂中心模式，通过走出去、请进来，建立校外活动基地等方式，为儿童开阔视野，更好地向自然学习，向社会学习，向各行各业的劳动者学习创造条件。

4. 活动指导

（1）让儿童成为活动的主人

本课程的教学应激发儿童主动想做什么，而不应是由教师支配儿童做什么。教师可以通过与儿童一起讨论活动计划，提供选择活动内容、方式或合作对象的机会，引导儿童积极地参与、发表自己的意见，根据儿童的反应及时调整活动，让儿童参与活动评价等途径，发展儿童的自主性、思考与判断能力，让活动真正成为儿童的活动。

（2）重视活动的过程

活动过程是儿童情感、态度、认识能力、品德和行为习惯、学习方式与特点等比较充分地展现与逐步形成的过程。关注活动过程不仅为教师了解儿童提供了丰富的信息，还为教育儿童、促进每个儿童在原有水平上发展提供了充分的依据与极好的机会。应重视活动过程的教育价值，不要仅以知识点的掌握或最终结果来判定儿童优劣。

活动过程中师生相互作用的质量、同伴间的冲突与合作、家庭或社会因素的影响等，都直接关系着儿童的感受、体验和认识，影响着教育的实际效果，是教学中需要高度重视的因素。

（3）提高活动的质量

活动要源于生活又高于生活。教师要善于从儿童的生活中敏感地捕捉有教育价值的课题，用正确的价值观进行引导，使儿童在自己喜欢的活动中获得发展。

在开展活动时，要创设条件，力求让每个学生都能平等地体验、经历活动过程，让所有学生都能够获得参加学习活动的机会和权利。

兼顾群体需要和个体差异，坚信每个儿童都有自己的长处，对儿童的活动尽可能多地给予鼓励和积极的、建设性的意见，切实调动儿童参与的积极性、主动性，让儿童尽可能多地体验到成功感，增强自信心。

创设儿童自主选择活动的主题、内容、材料、方式，制订活动计划、表达自己观点的机会，提供比较充分的自主探究、运用已有知识经验的时间和空间。

引导儿童采用多样化的活动方式，尤其要鼓励儿童动手做，以多种形式如语言、绘画、音乐、动作、表演、作文等，表现与分享活动的成果。

促进儿童之间的相互认同、相互学习、相互支持、相互交流，帮助儿童在活动过程中学会正确地认识自己与他人，发现同伴的长处，获得合作、协商、对话、分享、尊重的思想方式和行为方式。

不同活动有不同的特点，指导方式与儿童学习方式也各有不同，在活动中要注意实事求是，灵活应对。

合理地使用多媒体，广泛地整合各方面的资源，在活动中灵活利用。

关注活动的后续效应，重视将教学延展到课堂之外的儿童生活中。

对教案和活动的设计、指导、效果等，进行有深度的自我评价与反思，不断改进教学。

二、评价建议

本课程评价的主要目的是激励每个儿童的发展，促进每个儿童的品德发展与生活能力提升。

本课程的评价以课程目标和课程内容为基本依据，充分体现本课程的基本理念和基本特征，尊重每一个儿童在品德与行为习惯、生活态度及探究能力方面发展的独特性。

本课程的评价与教学实施、课程开发是一个整体。评价不仅是为了解儿童的学习结果，它本身就是儿童丰富多彩的学习过程。在评价过程中，儿童彼此间讲述活动过程、分享探究发现和活动体验、交流作品和活动心得，都是儿童学习的生活体现。

本课程评价倡导多元、开放、整体的儿童评价观。评价目标、内容、手段和方法，从单一、封闭走向开放、多元，评价过程从片面追求儿童的学业成绩，走向整体关注儿童的全面发展。

（一）评价目标和内容的确定

1. 把单元主题与儿童的个性特点结合起来

本课程采用的基本学习形式是单元主题学习。教师在评价儿童学习的时候，既要关注所有儿童都要达到的共同目标，又要关注不同儿童对该主题的独特表现和各自不同的优势。

2. 既关注目标及内容的整体性，又有所侧重、突出重点

本课程“情感与态度”“行为与习惯”“知识与技能”“过程与方法”四个方面的目标是有机联系的整体。在确定一个主题学习的评价目标时，既要关注目标的整体性，又要避免平均主义，要根据主题的性质和特点突出重点目标。如在社会调查类活动中，可以在“过程与方法”方面有所侧重；在节日庆典类活动中，可在“情感与态度”方面有所侧重。

3. 把预设目标和活动的生成性结合起来

在活动评价时，既要关注活动的既定目标，又不拘泥于此，仅仅根据预设目标的达成度来评价活动的成功与否。本课程的评价应充分重视活动的生成性和儿童的实际表现，把预设与生成结合起来。

（二）评价方法的选择

本课程的评价以质性评价为主，量化评价为辅，重视儿童在本课程标准所规定的课程目标和课程内容方面的个性化表现。

采用的评价方法主要有：观察、访谈、问卷、成长资料袋评价、作品分析等。

1. 观察。教师观察并记录儿童在活动中的各种表现，如儿童的行为、情绪情感、操作的情况、活动的状态等，以此对儿童进行综合评价。

2. 访谈。教师通过开展与儿童各种形式的谈话，获得有关儿童发展的信息，并了解儿童思想情感的变化。

3. 问卷。教师设计问卷和组织儿童回答问卷，获得有关儿童发展的信息。

4. 成长资料袋评价。用成长资料袋或活动记录册等方式收集儿童成长过程中的各种资料。

5. 儿童作品分析。通过对儿童各种作品、活动成果的分析，了解

儿童活动过程和发展状况。

需要注意的是，不同的评价方式具有不同的功能和作用，为避免方法的局限性，在评价实施中要注意综合运用。

（三）评价的注意点

1. 关注过程。重视对儿童活动过程的评价，重视儿童在活动过程中的态度、情感、行为表现以及付出努力的程度。如关注儿童在活动中是否积极投入，努力探索、思考、想办法解决问题、主动地与同学讨论、克服困难等。即使活动的最后结果没有达到预期目标，也应从儿童体验宝贵经验的角度加以珍视，而不是仅仅重视最后的结果。

2. 追求多元。评价主体多元，儿童既是评价的对象，也是评价的主体，积极鼓励儿童自评、互评，鼓励家长与其他有关人员的广泛参与；尺度多元，不用一个统一的尺度去评价所有儿童；尊重差异，关注每一个儿童在其原有水平上的富有个性的发展；渠道多元，分析儿童的言语或非言语表达，收集儿童的各种作品，汇集来自教师、同学、家族等各方面的信息，力求准确、全面地评价儿童。

（四）评价结果的解释与应用

教师应客观、全面、谨慎地解释评价结果，以获得对儿童全方位的、深入的了解，避免以偏概全。通过对评价结果的解释，教师不仅能够比较客观地评判每个儿童不同的发展水平和学习状况，更重要的是能够发现每个儿童的个性特点、学习特点、发展优势或进步等。以此为基础，教师可以进一步在后续活动中提供更有针对性的指导，从而帮助儿童不断积累成功体验，健康、自信地成长。不能用评价结果对儿童分等、划类、筛选，甚至作为惩罚儿童的依据。

评价结果同时也是反思与改进教育教学的重要依据。应利用评价结果进一步发现问题，改善教学，切实提高课程质量。

三、教材编写建议

（一）教材编写的主要依据

教材的编写应充分体现基础教育课程改革的精神，遵循党的教育方针，以《基础教育课程改革纲要（试行）》和本标准为主要依据，全面、准确地体现课程标准的精神。

（二）教材编写原则

1. 思想性原则

教材的编写必须以社会主义核心价值体系为指导思想，落实“育人为本、德育为先、能力为重、全面发展”的指导方针，遵循《公民道德建设实施纲要》《中共中央国务院关于进一步加强和改进未成年人思想道德建设的若干意见》的有关精神，根据小学低年级儿童品德发展的规律和认知特点，在整个教材中渗透对儿童的情感、态度、价值观的教育，重视儿童良好品德与行为习惯的养成。

2. 科学性原则

教材的内容必须符合儿童品德发展的规律和教育规律，内容的选择与组织、活动的安排与呈现、版式的设计与表现等必须符合小学 1 ~ 2 年级儿童身心发展特点、学习特点和认识规律，适合儿童的审美、阅读习惯和接受能力，有利于激发儿童学习的兴趣。教材呈现方式应直观、形象、图文并茂；版式应突出主题，符合规范，生动活泼，时代感强。

3. 现实性原则

教材必须关注儿童现实的生活，选择贴近儿童生活的有意义的内容。

教材必须符合我国国情，充分考虑不同地区经济、文化、教育以及师资状况、儿童发展水平的差异等，精选基础的、易行的、大多数地区和学校在现有条件下可以操作的内容。教材的形式、印制等应考虑不同地区多样化的需要，为地方和学校创造性地使用教材留出空间。

4. 综合性原则

教材应体现综合课程的特点，内容的编写应注意把儿童“健康、安全地生活”“愉快、积极地生活”“负责任、有爱心地生活”“动手动脑、有创意地生活”等方面的内容进行横向与纵向的联系和整合，应有利于课程目标的整体实现，避免单一、简单和割裂等倾向。

5. 活动性原则

教材应体现“活动型”课程的特点，内容的选择和呈现突出活动性，有利于教师和儿童采用活动型的教与学方式。要注意将活动的过程、方法、技能与知识融合起来，而不是仅仅罗列知识或事实。活动设计要具有趣味性和可操作性。

（三）教材的范围

教材是一个综合的资源体系，包括教科书、学习资料包、成长资料袋、活动材料、多媒体辅助材料和教师指导用书等多元化的教学活动材料。

经教育部审定的教材（教科书）可由各地各学校根据教育行政部门的有关规定选用。

四、课程资源开发与利用建议

充分地开发并有效地利用各地区的有价值的课程资源，既是扩展和深化课程的有效途径，也是教师创造性教学的重要环节。教师应重视课程资源的开发与利用，采取各种措施，通过多种途径进行这一工作。

本课程的资源是多样的、开放的，包括各种有形和无形资源。如教科书、教师指导材料、音像资料；其他学科、班级或学校的活动；师生、家长、社区人员、与儿童相关的从事各种职业的人们；学校中、社区中的各种物质设施、文化教育设施、革命文物、名胜古迹、图书、玩具、多媒体资源；各种文化财富，如传统风俗、民间传说、历史典故、民俗节日、文化活动、节日活动、社会公益活动等；社会生活中的现象、事件、社会热点问题；自然界中的各种现象、动植物、山川海洋，以及地区的气候、季节特点，等等。

开发和利用课程资源的途径是多种多样的。

（一）充分利用教科书

按照课程标准编写并经教育部审定批准的教科书应是重要的、基本的课程资源，认真学习、研究教科书及其配套的教学参考资料，可以为教师深入理解本课程并进一步创造课程打下基础。学校和教师可以根据课程需要及本班、本校、本地的具体情况自编乡土材料。

（二）充分利用来自儿童的资源

通过促进同伴互动，充分利用儿童自身的兴趣、经验、发现等作为活动的资源；通过加强活动的前后联系，利用儿童已有经验作为新活动的资源。

（三）充分利用学校、家庭、社区的资源

1. 充分挖掘校内资源

学校在统筹安排的基础上，通过加强教师之间、学科之间的合作，结合学校有关活动、地方课程和校本课程，让本课程获得丰富资源。

充分利用学校现有设施，有条件的地方可增设有关设施，如开辟学校植物园、动物园，开展校园文化活动、科技活动等，把整个学校变成儿童可参与的学习空间。

2. 因地制宜地利用校外资源

充分认识学校周围环境的价值。如农村学校的自然资源、生产劳动资源、民俗资源；城市学校的社会、科技、文化资源；少数民族地区的民族特色、风俗文化资源等。

有条件的地方可充分利用各类博物馆、纪念馆、展览馆、烈士陵园等爱国主义教育基地和少年宫、儿童活动中心、社区活动中心等校外活动场所，或若干学校联合建立种植园、养殖园等校外劳动基地，或与学校周围的工厂、部队、乡村等建立联系，为儿童开展活动创造条件。

3. 挖掘图书资源、媒体资源

充分挖掘学校、社区图书馆（室）、文化馆以及儿童家庭中的图书资源，促进儿童、班级、年级和学校之间图书、资料的交流和共享。充分利用与本课程教学有关的电视节目或其他音像材料。

4. 利用网络资源

积极开发和有效利用各种网络资源，注重信息技术与课程教学的整合。

品德与社会课程标准

第一部分　前言

良好品德是健全人格的根基，是公民素质的核心。随着社会的发展，具有良好的公民素质越来越成为人的内在需求。我国构建社会主义和谐社会，加快建设创新型国家的战略目标，要求基础教育更新教育观念和教育方式，大力加强社会主义核心价值体系教育，培养良好的公民素质、创新精神和实践能力。

小学中高年级是学生逐步熟悉和理解社会生活的重要时期，也是形成道德情感、道德认识和道德判断能力，养成行为习惯的重要阶段。品德与社会课程以社会主义核心价值体系为指导，以满足学生的身心需要为目标，以学生社会生活为基础，注重学生在主动学习的过程中，初步掌握认识社会事物和现象的方法，提高道德判断和行为选择能力，发展学生主动适应社会、积极参与社会的能力。

一、课程性质

品德与社会课程是在小学中高年级开设的一门以学生生活为基础、以学生良好品德形成为核心、促进学生社会性发展的综合课程。

综合性　本课程设计体现社会环境、社会活动和社会关系的内在整合；课程内容有机融合品德和规则教育，爱国主义、集体主义和社会主义教育，历史与文化、国情教育，地理和环境教育，生命与安全教育，民族团结教育等；教学活动体现学生生活经验、知识学习与社会参与的彼此渗透和相互促进，从多角度、多层面引导学生去理解、认识自我、他人和社会，并以此为基础形成基本的道德品质。

实践性　本课程学习是知与行相统一的过程，注重学生在体验、探究和问题解决的过程中，形成良好道德品质，实现社会性发展。课程设计与实施注重联系学生的生活实际，引导学生在实践中发现和提出问题，在亲身参与丰富多样的社会活动中，逐步形成探究意识和创新精神。

开放性　本课程内容根据社会生活的发展变化和学生身心发展的需要，有弹性地吸纳鲜活的社会生活事件；教学空间从课内向课外延伸，从课堂向学校、家庭和社区扩展；课程评价关注不同学生的学习起点和学习态度，不以单一指标评价学生的发展，评价不仅关注学习结果，更重视学习过程和日常行为。

二、课程基本理念

（一）帮助学生参与社会、学会做人是课程的核心

本课程特别关注每一个学生的成长。以社会主义核心价值体系引导学生的道德发展，丰富学生的社会认识和内心世界，健全学生的人格，使他们能够以积极的生活态度参与社会，成为有爱心、有责任心、有良好行为习惯和个性品质的人。

（二）学生的生活及其社会化需求是课程的基础

本课程注重学生生活的价值。学生的品德与社会性发展源于他们对生活的认识、体验和感悟，学生的生活对本课程的构建具有重要价值。课程必须贴近他们的生活，反映他们的需要，让他们从自己的世界出

发，用自己的眼睛观察社会，用自己的心灵感受社会，用自己的方式探究社会，并以此为基础，提升学生的生活。

（三）提高德育的实效性是课程的追求

本课程强调必须从学生发展的现实和可能出发，提高德育的实效性。教学要因地制宜地营造有利于学生品德和行为习惯养成的学习环境，选取学生生活中真实可信的生动事例，采用学生乐于和适于接受的生动活泼的方式，帮助他们认识和解决现实生活中的问题，使教学成为学生体验生活、道德成长的有效过程。

三、课程设计思路

本课程以学生的生活为基础。家庭、学校、社区、国家、世界是学生不断扩展的生活领域。社会环境、社会活动、社会关系是存在于这些领域中的几个主要因素。学生的品德与社会性发展是在逐步扩展的生活领域中，通过与各种要素的交互作用实现的。

本课程的设计思路是：一条主线，点面结合，综合交叉，螺旋上升。“一条主线”即以学生的生活发展为主线；“点面结合”的“点”是社会生活的几个主要因素，“面”是学生逐步扩展的生活领域，在面上选点，组织教学内容；“综合交叉，螺旋上升”指的是每一个生活领域所包含的社会要素是综合的，在不同年段层次不同，螺旋上升。

第二部分　课程目标

品德与社会课程旨在培养学生的良好品德，促进学生的社会性发展，为学生认识社会、参与社会、适应社会，成为具有爱心、责任心、良好行为习惯和个性品质的公民奠定基础。

本课程引导和帮助学生达到以下三个方面的目标。

（一）情感·态度·价值观

1. 珍爱生命，热爱生活，养成自尊自律、乐观向上、勤劳朴素的态度。

2. 爱亲敬长，养成文明礼貌、诚实守信、友爱宽容、热爱集体、团结合作、有责任心的品质。

3. 初步形成规则意识和民主、法制观念，崇尚公平与公正。

4. 热爱家乡，珍视祖国的历史与文化，具有中华民族的归属感和自豪感，尊重不同国家和民族的文化差异，初步形成开放的国际视野。

5. 具有关爱自然的情感，逐步形成保护生态环境的意识。

（二）能力与方法

1. 养成安全、健康、环保的良好生活和行为习惯。

2. 初步认识自我，掌握一些调整自己情绪和行为的方法。

3. 学会清楚地表达自己的感受和见解，倾听他人的意见，体会他人的心情和需要，与他人平等地交流与合作，积极参与集体生活。

4. 学习从不同的角度观察社会事物和现象，对生活中遇到的道德问题作出正确的判断，尝试合理地、有创意地探究和解决生活中的问题，力所能及地参与社会公益活动。

5. 初步掌握收集、整理和运用信息的能力，能够选用恰当的工具和方法分析、说明问题。

（三）知识

1. 理解日常生活中的道德行为规范和文明礼貌，了解未成年人的基本权利和义务，懂得规则、法律对于保障每个人的权利和维护社会公共生活具有重要意义。

2. 初步了解生产、消费活动与人们生活的关系，知道科学技术对生产和生活的重要影响。

3. 知道一些基本的地理常识，初步理解人与自然、环境的相互依存关系，了解人类共同面临的人口、资源和环境等问题。

4. 了解家乡的发展变化，了解一些我国历史常识，知道在历史发展过程中形成的中华民族优秀文化和革命传统，了解影响我国发展的重大历史事件和社会主义建设的伟大成就。

5. 初步了解影响世界历史发展的一些重要事件，知道不同环境下人们有不同的生活方式和风俗习惯，懂得不同民族、国家和地区之间相互尊重、和睦相处的重要意义。

第三部分　课程内容

一、我的健康成长

课程内容	教学活动建议
1. 了解自己的特点，发扬自己的优势，有自信心。知道人各有所长，要取长补短。（中）	1. 开展“我能行，你也行”等活动。
2. 懂得做人要自尊、自爱，有荣誉感和知耻心。愿意反思自己的生活和行为。（中、高）	2. 结合实例，举行有关善恶、美丑、荣辱等是非的辨析活动。
3. 能够面对学习和生活中遇到的困难和问题，尝试自己解决问题，体验克服困难、取得成功的乐趣。（中、高）	3. 回忆自己在面对困难和问题时的想法和表现；讲一件自己或他人克服困难的实际事例，互相交流。
4. 理解做人要诚实守信，学习做有诚信的人。（中、高）	4. 结合自己生活中的事例，并收集社会生活中关于诚信的事例，进行比较分析。
5. 懂得感恩和基本的礼仪常识；学会欣赏、宽容和尊重他人。（中、高）	5. 邀请家长参加以“感恩”为主题的亲子交流活动，开展“寻找身边同学的长处”“我想感谢的人”的活动。

续表

课程内容	教学活动建议
6. 体会生命来之不易。知道应该爱护自己的身体和健康。知道日常生活中有关安全的常识，有安全意识和基本的自护自救能力。（中）	6. 从防火、防盗、防触电、防中毒、防溺水、防雷电等方面，查找有关安全的小常识和发生安全事故的案例，以知识竞赛、设置情境等方式，学习、演练自救自护方法。
7. 了解迷恋网络和电子游戏等不良嗜好的危害，抵制不健康的生活方式。（中、高）	7. 讨论、交流沉迷电子游戏的危害以及抵制的方法。
8. 知道吸毒是违法行为，远离毒品，珍爱生命，过积极、健康的生活。（高）	8. 从报刊、展览、影视中了解因吸食毒品酿成的严重恶果，举行有关的主题活动。

二、我的家庭生活

课程内容	教学活动建议
1. 知道自己的成长离不开家庭，感受父母长辈的养育之恩，以恰当的方式表达对他们的感激、尊敬和关心。（中）	1. 向父母长辈了解他们养育自己成长的事例，可以结合有关的节日、纪念日，用写信或其他方式向父母长辈表达感激之情。还可以讲一则自己印象深刻的爱亲敬长的故事。
2. 学习料理自己的生活，养成良好的生活习惯。关心家庭生活，主动分担家务，有一定的家庭责任感。（中）	2. 观察和体会日常生活中父母的辛苦操劳，选择一些自己可以承担的家务劳动，坚持去做。

续表

课程内容	教学活动建议
3. 懂得邻里生活中要讲道德、守规则，与邻里要和睦相处，爱护家庭周边环境。（中）	3. 交流自家与邻里相处的情况，讨论邻里怎样才能和睦相处。观察自家周边的公共设施，为合理使用和爱护它们提出建议，做力所能及的事。
4. 了解家庭经济来源和生活必要的开支，学习合理消费、勤俭节约的途径和方法。（中、高）	4. 向父母了解他们从事的工作、家庭经济来源，通过诸如水电、电信等费用了解家庭日常开支。
5. 知道家庭成员之间应该相互沟通和谅解，学习化解家庭成员之间矛盾的方法。（高）	5. 组织“与父母长辈沟通”的主题活动，请父母长辈一起参加。讨论怎样用平和的态度和正确的方法处理与长辈之间的矛盾。

三、我们的学校生活

课程内容	教学活动建议
1. 能看懂学校和学校周边的平面图。能利用简单的图形画出学校平面图以及上学路线图。（中）	1. 通过小组合作的方式，开展看平面图、寻找学校设施或周边标志物的活动。
2. 了解学校主要部门的工作和发展变化，增强对学校的亲近感，尊敬老师，尊重学校工作人员的劳动。（中）	2. 通过不同途径，了解并交流学校某一方面的发展变化。访问老师或学校其他工作人员，并向同学介绍他们是怎样为培养学生辛勤工作的。

续表

课程内容	教学活动建议
3. 珍惜时间，学习合理安排时间，养成良好的学习习惯，独立完成学习任务，不抄袭、不作弊。（中）	3. 通过游戏，体会时间的宝贵。尝试设计一周的课余或寒暑假的时间安排，并进行交流。收集关于时间的格言、谚语和故事。
4. 体会同学之间真诚相待、互相帮助的友爱之情；学会和同学平等相处。知道同学之间要相互尊重，友好交往。（中、高）	4. 可以讲述同学们互相关心的事例和自己的感受。也可以针对同学中常出现的摩擦和冲突，设置情境，讨论解决的办法。
5. 知道自己是集体中的一员，关心集体，参加集体活动，维护集体荣誉，对自己承担的任务负责。（中）	5. 尝试与同学合作完成一件事，并在班内交流自己的体会和感受。
6. 知道班级和学校中的有关规则，并感受集体生活中规则的作用，初步形成规则意识，遵守活动规则和学校纪律。（中）	6. 通过游戏和学校、班级活动，体验规则的必要性，并尝试制订规则。
7. 通过学校和班级等集体生活，体会民主、平等在学校生活中的现实意义。（高）	7. 分析班级民主参与和管理的现状，提出积极建议。

四、我们的社区生活

课程内容	教学活动建议
1. 能够识读本地区（区、县、市等）、旅游景区等小区域的平面示意图。正确辨认区域地图上的简单图例、方向、比例尺。（中、高）	1. 在地图上查找本地区（区、县、市、省）及省会城市的方位。开展认识地图的活动和查找地名的比赛。

续表

课程内容	教学活动建议
2. 了解本地区的自然环境和经济特点及其与人们生活的关系；感受本地区的变化和发展；了解对本地区发展有贡献、有影响的人物，萌发对家乡的热爱之情。(中)	2. 按主题分组查阅资料、调查访问、收集实物（有条件的学校可组织实地考察)，并用报告、图片、实物展览等形式进行交流。
3. 关心了解周围不同行业的劳动者，感受并感激他们的劳动给人们生活带来的便利，尊重并珍惜他们的劳动成果。(中)	3. 观察或访问身边的劳动者，了解他们的劳动情况，互相交流。
4. 学习选购商品的初步知识，能够独立地购买简单物品，文明购物，具备初步的消费者自我保护意识。(中)	4. 观察和实地调查学校或家庭附近的商业场所，比较价格变化情况，模拟或尝试实际购物活动，学习选择商品。
5. 了解本地区交通情况，知道有关的交通常识，自觉遵守交通法规，注意安全。(中)	5. 列举本地区人们经常使用的交通工具，讨论为什么使用这种交通工具。通过观察、访问调查或知识竞赛，学习有关的交通知识、法规和安全小常识。
6. 体验公共设施给人们生活带来的便利，形成爱护公共设施人人有责的意识，能够自觉爱护公共设施。(中)	6. 观察生活中常见的公共设施及其使用、维护情况，提出一些改进的建议。
7. 自觉遵守公共秩序，注意公共安全。做讲文明有教养的人。(中、高)	7. 在日常生活中，观察公共场所中公共秩序的情况和人们的言谈举止、行为表现，作出自己的评价。

续表

课程内容	教学活动建议
8. 体会社会对老年人和残疾人等弱势人群的关怀。对弱势人群有同情心和爱心，要有尊重和平等的观念，并愿意尽力帮助他们。积极参加力所能及的社会公益活动。（中、高）	8. 有条件的地方，可以组织考察本地区的公益设施和福利机构，了解发生在身边的关爱老年人和残疾人的事例。通过模拟活动体会残疾人在生活中的不便和他们为克服困难所付出的努力。
9. 了解在公共生活中存在不同的社会群体，各种群体享有同等的公民权利，应相互尊重，平等相待，不歧视，不抱有偏见。（高）	9. 可以选择班级、学校和社会上对来自某些地域、行业、生活处境的人有歧视或偏见的言行，或者不同群体之间发生摩擦、冲突的现象，让学生展开辩论。
10. 了解本地区的民风、民俗和文化活动，体会其对人们生活的影响。能够识别不良的社会风气，不参与迷信活动。（中、高）	10. 列举本地区有特色的民俗活动，设计、举办模拟民俗表演活动。列举本地区现实存在的陈规陋习、迷信现象，分析其对人们的不良影响。
11. 了解本地区生态环境，参与力所能及的环境保护活动，增强环境保护意识。（中）	11. 进行实地调查，说明产生环境问题的原因及其危害，通过板报、标语、广播等形式进行环境保护宣传，并在校内开展诸如节水、节能等活动，可以向有关部门提出环境保护建议。

五、我们的国家

课程内容	教学活动建议
1. 知道我国的地理位置、领土面积、海陆疆域、行政区划。知道台湾是我国不可分割的一部分，祖国的领土神圣不可侵犯。（高）	1. 进行查找地图竞赛或拼图游戏。

续表

课程内容	教学活动建议
2. 知道我国是一个统一的多民族国家，各民族共同创造了中华民族的历史和文化，了解不同民族的生活习惯和风土人情，理解和尊重不同民族的文化。(中、高)	2. 选择、列举代表民族文化的实例(如传统节日、歌曲、民间传说、历史故事、服饰、建筑、饮食等)，进行交流展示。
3. 了解我国不同地区自然环境的差异，知道并理解这些差异对人们的生产和生活方式的影响。(中、高)	3. 比较我国不同区域的气候、地形、资源等差异，以及这些差异对生产和人们的衣食住行等的影响。
4. 知道我国是一个地域辽阔、有着许多名山大川和名胜古迹的国家，体验热爱国土的情感。(高)	4. 列举一些能够代表中国的典型标志和象征，并说明理由。观看有关祖国风光的影视片；收集整理图片、诗文、风景点门票等资料，互相交流。
5. 了解我国曾经发生过的地震、洪水等重大自然灾害，知道大自然有不可抗拒的一面。感受人们在灾害中团结互助的可贵精神，学习在自然灾害中自护与互助。(高)	5. 收集有关地震、洪水等重大自然灾害的典型事例，认识灾害的巨大破坏性。开展逃生模拟活动。
6. 初步了解我国的工农业生产，以及工农业生产与人们生活的关系，知道工人、农民付出的辛勤劳动与智慧，尊重他们的劳动。(中、高)	6. 了解当地一种农产品的来历，相互交流，有条件的学校可组织学生访问农户，或参加农业劳动、参观农业科技园。以常见的生活用品为例，通过各种途径了解这种产品的生产过程，相互交流。

续表

课程内容	教学活动建议
7. 了解我国的交通发展状况，感受交通在人们生活中的重要作用，关注城乡交通存在的问题。（中、高）	7. 设置情境，对比古今到达同一目的地所采用的交通工具和所选择的交通路线的巨大差别。
8. 知道现代通信的种类和方式，体会现代传媒，尤其是网络与人们生活的关系。在有效获取信息的同时，增强对信息的辨别能力，遵守通信的基本礼貌和网络道德、法律规范，做到文明上网。（中、高）	8. 分小组交流个人运用不同通信方式与人联系、沟通的经验，以及利用不同传媒获取或发布信息的体会；制订文明上网公约。
9. 知道我国是有几千年历史的文明古国，掌握应有的历史常识，了解中华民族对世界文明的重大贡献。珍爱我国的文化遗产。（高）	9. 观看一些反映我国历史上重大发明或重要文化遗产的影视片；或收集有关资料，举行报告会。或讲述体现我国劳动人民聪明才智和发明创造的故事。
10. 知道近代我国遭受过列强的侵略以及中华民族的抗争史。敬仰民族英雄和革命先辈，树立奋发图强的爱国志向。（高）	10. 有条件的地方可以参观历史博物馆，还可以观看有关影视片，学唱历史歌曲。
11. 知道中国共产党的成立，知道中华人民共和国成立和改革开放以来取得的成就，加深对社会主义祖国和中国共产党的热爱之情。（高）	11. 在收集实物、照片和对家长等成年人采访的基础上，举办反映生活变化和祖国发展变化的小型展览。
12. 知道中国人民解放军是保卫祖国、维护和平的重要力量，热爱中国人民解放军。（高）	12. 有条件的学校可以通过少先队，和当地部队开展联谊活动，请部队官兵担任校外辅导员。

续表

课程内容	教学活动建议
13. 知道自己是中华人民共和国的公民，初步了解自己拥有的基本权利和义务。知道我国颁布的与少年儿童有关的法律、法规，学习运用法律保护自己，形成初步的民主与法制意识。（中、高）	13. 介绍与小学生有关的法律，诸如《未成年人保护法》《义务教育法》《预防未成年人犯罪法》，围绕相关条文，结合生活中的案例，开展模拟法庭活动。

六、我们共同的世界

课程内容	教学活动建议
1. 知道世界的大洲、大洋的位置，能在地图或地球仪上找到相应的国家或地区。（高）	1. 开展环游世界的模拟活动。
2. 比较不同国家、地区、民族的生活习俗、传统节日、服饰、建筑、饮食等状况，从不同的角度，尝试探究差异产生的原因，尊重文化的多样性。（中、高）	2. 以小组为单位确定选题，然后收集某个国家、地区或民族具有特色的生产、生活方式的资料，加工整理后在全班作介绍。与同学交流自己收集的反映世界不同文化习俗的图片、邮票、明信片等。
3. 初步了解一些人类的文化遗产，激发对世界历史文化的兴趣。（高）	3. 围绕文明古国以及其他世界文化遗产，收集图片、影像等材料，开展交流活动。
4. 初步了解我国与世界各国的经济相互依存关系，及其给人们生活带来的影响。（中、高）	4. 通过各种途径，调查了解日常生活中的进出口产品。

续表

课程内容	教学活动建议
5. 初步了解科学技术与人们生产、生活及社会发展的关系，认识科技要为人类造福，崇尚科学，反对迷信。（高）	5. 围绕科技发展给人类带来的正、负面影响设置主题，召开辩论会。
6. 初步了解全球环境恶化、人口急剧增长、资源匮乏等状况，以及各个国家和地区采取的相关对策，体会“人类只有一个地球”的含义。（高）	6. 分组选择不同的全球问题，收集资料，制作剪贴簿，办小展板，交流展示。
7. 知道我国所加入的一些国际组织和国际公约，了解这些国际组织的作用。知道我国在国际事务中的影响日益增强。（高）	7. 选择并收集有关联合国、国际奥委会、国际红十字会等国际组织，以及我国主办的大型国际活动的图片或文字资料。
8. 感受和平的美好，了解战争给人类带来的影响，热爱和平。（高）	8. 收集有关战争给人类带来的损失和人们谋求和平的资料，体验世界人民对和平的渴望。

说明：

1. 依照课程设计思路，课程内容中各项与学段相对应，并按其适宜程度标注在各项后。（中）表示适用于中年级，（高）表示适用于高年级，（中、高）表示适用于中、高年级。但各项课程内容及排列顺序与教材、课时不是一一对应的关系。

2. 本课程内容为基本标准。在掌握课程标准的前提下，编写教材和开展教学活动，可根据各地区、学校和学生的实际有所拓展。

3. 根据课程改革所倡导的精神，表中所列教学活动建议侧重于有学生主体参与的体验、探究、交流研讨等实践性教学活动。这些建议是提示性的，供编写教材和教学时参考。

4. 教学活动的形式应不拘一格，鼓励教师根据具体目标、内容、条件、资源的不同，结合教学实际，选用并创设丰富多彩的活动形式。

第四部分　实施建议

本标准是品德与社会课程设计、教材编写以及课程实施和评价的基本依据。在实施过程中，应当遵照本标准的要求，结合本地区和学生的实际情况，因地制宜地开展教学，有效促进每一个学生的发展。

一、教学建议

（一）整体把握课程目标和教学目标的关系

课程目标是通过一系列的教学活动综合实现的，尤其是情感、态度、价值观目标和能力与方法目标要经过长期的培养才能达成。因此，教师要在把握整个课程目标的基础上，设计单元或课的教学目标，处理好长期形成的目标和短期教学目标之间的关系，突出每一节课的重点和难点。每节课的教学目标不必面面俱到，应简洁、清晰、具体，注意针对性和可操作性，尽可能根据本校和本班学生的实际状况和需求进行设计，避免大而空。

例如，“珍爱生命，热爱生活”目标需要一个长期养成的过程，“诚实守信，友爱宽容”也是要在实践中通过不断践行逐步达成的目标，因此，它们不宜作为一节课的目标。教师要根据学生的特点，将目标具体化，确定每节课可达成的目标。

在教学过程中，教师要根据教学目标组织和开展教学活动，注意观察学生在活动中的表现，关注学习过程中生成的问题，根据学生的实际情况调整目标。教学活动完成之后，还应通过学生的反应和作业检验目标的达成状况，深入反思并不断改进教学。

（二）通过创设多样化情境丰富和提升学生的生活经验

学生的生活经验是良好品德形成和社会性发展的基础。教师首先应根据学生已有的经验设计教学，同时要通过多样化的教学活动丰富和提升学生的生活经验，加深他们对社会的认识。

应该注意到，在现实生活中，学生已经形成了一定的品德和行为习惯，积累了一些社会生活经验，形成了相应的态度和能力。教学前，教师应对学生的生活环境、家庭背景有所了解，并通过观察、聊天等调查学生已有的生活经验，根据学生现实生活中存在的问题和需要，创设真实的生活情境，提供多样化的生活体验和社会实践的机会。

在教学中，教师要调动学生的生活经验与认识，引导学生用多种感官去观察、体验、感悟社会，获得对世界的真实感受。同时，教师还要注意学生之间经验的差异，鼓励学生与拥有不同经验和观点的同伴、教师和其他人开展交流、讨论和对话，分享经验和感受。

例如，在学习“诚实守信”时，不能仅仅呈现诚实守信的正面例子，可以适当呈现不诚实守信而获得利益的事例，让学生认识社会生活的复杂性。并且让学生相互交流自己或身边的人在这方面所遇到的不同情况和感受，对不同情况进行比较，在此基础上让学生思考和探讨诚实守信的重要意义，学会根据情境作出恰当的判断和行为选择。

（三）引导学生自主学习和独立思考

学生是学习的主体，教师应由单纯的知识传授者向学生学习活动的引导者、组织者转变。教师要通过创设任务情境或问题情境，激发学生主动学习和探究的兴趣，鼓励他们大胆尝试解决问题的方法。

自主学习既包括学生个体的独立探究和思考，也包括学生与同伴合作开展的学习和探究。教师要为学生自主探究和解决问题提示方法和步骤，避免放任学生进行盲目而低效的探究活动。例如，学生第一次开展调查之前，教师可以提供一张调查表，列示若干调查内容，让学生填写；学生有了一定的调查经验之后，可以提示学生自己制订调查计划，写明调查的目的、对象、地点、要点和注意事项后再去调查。又如，让学生收集、整理和交流资料时，教师可以通过提出若干问题，提示收集、整理和交流资料的要点，避免学生不假思考地摘取资料，照本宣读。

教师要创造民主的课堂氛围，鼓励学生对获取的信息和他人提出的观点进行大胆质疑，同时尊重并积极回应他人的质疑，并帮助他们不断反思自己的学习和探究过程，修正和改进自己的认识和态度。教师自身要做到并且指导学生学会根据掌握的事实材料作出判断和结论，不要盲从和轻信他人的传言和不实信息。

（四）因地制宜地拓展教学时空

本课程的教学时空不局限于课堂和学校。教师应将本课程的教学与相关学科以及班队活动、学校德育活动、社区活动、社会重大事件等紧密结合，从中捕捉、挖掘鲜活的素材，调动学生在课外学习和活动中获得的经验和知识，充实本课程的教学过程，同时将课内学习延伸至其他学科的学习或校内外其他活动中，提高教学的实效性。

教师既不能因为没有所谓的考察与调查的条件和资源，将教学局限于课堂传授，也要避免制作高成本的课件或教具，以及开展华而不实的社会调查等活动。教师要根据实际条件，就地取材，创造性地发掘和利用学校、家庭、社区、媒体已有的资源，以及购物、旅游、访友等机会，引导学生适时地开展体验、考察、调查、制作、游戏等活动，通过学生熟悉的材料拉近学生与学习对象的距离。

例如，可以让学生在平时上学和放学的路上，注意观察某类公共设施的分布、使用情况和变化，并做简单的记录，经常性地利用班会或课前几分钟相互交流和提问。在学习相关课程内容时，就可以提取这些积累的调查成果设计教学。

在学习有关本地区变化和发展的内容时，提前数周让学生收集家里或亲友家的旧物，听取旧物的拥有者讲述其来历。如果旧物拥有者允许，可将旧物拿到学校分类展示；不便拿到学校的，可以拍照、录音。教学时可以围绕某一类旧物，按使用或出产的年代分类，比较它们的差异和变化，让学生从中体会社会的变化。

在学习其他国家的内容时，可以让学生观察家庭、学校和商店里的进口商品或品牌，在世界地图上寻找这些商品或品牌所在国家或地区的位置，从学生熟悉的商品或品牌切入，学习某个国家或地区的地理、历史、经济方面的知识。还可以结合奥运会、世界杯等国际性活动，利用广播、电视和网络，收集和学习主办国或地区的地理、历史知识和风土人情，以及该国或该地区与我国的联系。

为此，教师平时就要做一个有心人，经常与其他教师和相关部门沟通，并养成读报、收听收看新闻和通过网络收集信息的习惯，用剪报、摄影等方式积累素材。同时也要培养学生收听收看新闻、观察事物、积累材料的习惯。可以通过开展诸如每日两分钟轮流播报新闻或见闻的活动，来培养学生的这种习惯。

（五）有效组织适宜的教学活动

本课程的教学活动方式多样，如阅读、讨论、辩论、参观、调查、访问、游戏、角色扮演、模拟活动、两难问题辨析，以及撰写报告书、制作图表等，每一种活动都有其适用的范围和价值。教师要根据不同的教学目标、教学内容、教学对象和教学条件加以选择，最大程度地发挥每一种教学活动的效用，而不宜在一节课内展现多种教学活动方式。教师要对以下几种教学活动方式加以重视。

1. 体验学习。体验学习是学习者通过身体的各种感官进行学习的一种方式。体验学习的种类多种多样，大体可以分为直接体验和间接体验。体验学习的重要价值不在于学会某种操作方式、获得某种技能，而在于每个人在活动中获得的真实感受，这种内心体验是形成认识、转化行为能力的原动力。

2. 探究学习。探究学习重要的是通过探索性活动，使学生获得探求知识的学习方式，形成科学精神、科学态度，对于学生来说，探讨和把握获得探求结论的方式和途径，往往比学习和记忆知识结论更有价值。探究学习包括发现问题，设立假说，收集信息、资料、数据，处理数据，验证假说等步骤，整个过程必须为学生留下思维和行动的足够空间，不能将过程和答案直接呈现给学生。探究学习经常需要经历和体验失败，最终结果的有无、正确与否，不是评价活动是否成功的重要依据。

3. 问题解决学习。问题解决学习是使学生直接面对实际问题，学习、研究并尝试提出某种解释问题或解决问题方案的学习方式。问题解决学习的目的，在于使学生在寻求解决或解释某个具体的社会问题的过程中，学会综合地、关联地、多角度地、切合实际地分析和思考问题的一般方法，形成关心社会的态度和参与社会生活的行为方式。问题解决学习没有固定的学习步骤，而且是针对社会生活中的某种现象或实事，通过提出问题、查询资料、访问调查，提出有针对性与合理性的解决问题方案，在学习过程中，伦理的、道德的、对社会价值观和人的行为方式的思考与判断必然贯穿始终。

4. 小组学习。小组学习是调动所有学生参与学习，培养合作交流能力和民主意识的途径，提供了开展探究学习所必需的交流平台，小组有多种组合方式。要根据学习任务采用不同的分组方式，可以座位相近或住家相邻的学生组成小组，也可按照兴趣相同或任务相同的学生组成小组，应特别重视不同特长、性格、学习兴趣和成绩的学生混编为一组。小组成员的人数不宜过多，以 4 ~ 6 人为佳。教师应关注学困生和人际交往能力较弱的学生，帮助他们融入小组学习，同时指导其他学生接纳和帮助这些同学。教师应指导小组成员进行合理分工、平等讨论，并让每个学生轮流担任组长，负责组织小组的活动、交流和汇报，使小组学习成为培养学生平等民主意识与合作交往能力的过程。

二、评价建议

（一）评价的目的和原则

本课程评价的根本目的在于积极促进学生发展，全面了解和掌握学生的道德和社会认知、判断、行为，以及发现和解决问题等方面的能力，以帮助教师改进教学，提高教学的实效性，保证课程目标的实现。评价应以本标准为依据，面向全体学生，从每个学生的原有基础出发，尊重学生的个性特点。注意认知和操行相统一，综合性和简约性相统一，显性表现和隐性品质相统一，采用多元的评价方式激励学生。

（二）评价的目标和内容

本课程主要对学生在学习过程中各方面的表现进行综合性评价，主要包括：

1. 学习态度。包括学生在学习过程中主动参与和完成学习任务的态度。

2. 学习能力和方法。包括学习中观察、探究、思考、表达，收集、整理、分析资料的能力和方法，与他人合作完成学习任务的能力等。

3. 学习结果。完成学习任务的质量和进步程度。

评价教师的教学行为主要考查其是否能够落实教学目标、恰当地运用教学方法、激励每一个学生参与学习并有所进步。

（三）评价的方式和方法

本课程倡导采用多主体、开放性的评价，教师可根据具体情况，选用或综合运用评价方式。其主要的评价方法有：

1. 观察记录。教师对学生在日常学习中表现出的情感、态度、能力进行观察，并做记录。

2. 描述性评语。在与学生进行充分交流的基础上，教师对学生在一段时间内学习本课程的学习态度、表现等以描述性的语言写成评语，鼓励学生巩固进步，修正不足，继续努力。

3. 达成水平评价。按照本标准的基本要求，以学年及单元的知识与技能目标为基准，通过纸笔测验、考试等方式进行评价。本课程不排除纸笔测试方式，但反对考查死记硬背的知识或刻意追求难度，以及将学生的品德用卷面成绩衡量的做法。

4. 作品评价。将学生调查、访问、收集资料等活动产生的作品进行展示和交流，师生共同进行评析。

5. 学生自评与互评。教师引导与帮助学生对自己和同伴在学习中的表现及成果进行自我评价和相互评价，鼓励学生自我反思，相互借鉴，相互促进。

学习结果评价的方式方法不是固定的，每一种评价方法都有其适用的范围，教师应根据具体情况灵活使用。鼓励教师在教学实践中探索创新，不断完善评价方式方法。

（四）评价的实施和反馈

1. 评价要真实、可信、公正、客观。注意积累能真实反映学生发展变化的资料，如学生的作品、作业等，将日常观察和定期考查相结合。

2. 评价要注重知行统一。将道德认知与道德行为有机结合。

3. 评语既要简要、精练，又要注意差异性、针对性。评价结果要能够反映出每个学生在原有基础上的进步与变化。

4. 评价结果要及时反馈给学生，并对评价结果作出合理的解释，帮助学生准确了解自己的学习状况。评价结果的反馈应有利于学生自信心的建立和自我反思。

三、教材编写建议

1. 教材编写应以本标准为依据，应准确、完整地反映本标准的理念和要求。

2. 课程内容的条目、顺序与教科书内容不是一一对应的关系。内容编排可采用集中和分散相结合的方式，螺旋上升。

3. 教材编写要体现综合课程的特点，整合各相关学科的知识内容，并通过设置若干学习主题，展现不同的学习视角和问题视角。

4. 选材应充分考虑学生的学习兴趣、生活经验、心理需求和实际生活需要，凸显学习内容的思想性和科学性。

5. 教材内容与呈现方式应有利于学生采用体验、探究和交流讨论等多种方式主动参与、自主学习，为学生的尝试、体验和实践活动留有空间。

6. 教材的呈现方式要适合学生的阅读、审美习惯和接受能力，有利于激发学生的学习兴趣和学习愿望。

7. 教材编写应考虑不同地区，尤其是农村的特点和学生的需要，适当拓展相关内容，选择贴近当地生活的素材。

8. 教材中的教学活动设计应尽可能地提供多种方案，供教师根据学校和学生的实际进行选择。

四、课程资源开发与利用建议

充分开发、有效利用课程资源，对于丰富品德与社会课程内容，增强课程的开放性、生成性和教学活力具有重要意义。本课程的资源是多样的，课程资源的利用应为教学服务，力求切合实际。在课程实施过程中，应当做到：

1. 有效整合和利用校内资源

教科书以及教学所需要的教学参考资料、其他各类图书、教学用具（包括地球仪、挂图等）、音像资料、教学软件、校内环境设施和校园网络、图书馆等是学校中基本的资源。在课程实施过程中首先要重视并加以利用。

可以结合少先队活动、主题班会、课外活动小组、文体活动、校本课程等，丰富和拓展本课程的内容。

2. 因地制宜利用社区环境资源

社会公共设施和场所，如商店、纪念馆、博物馆、公园、少年儿童活动中心、文化体育场馆、校外教育基地以及区域自然景物、人文景观等是需要因地制宜地充分加以利用的课程资源。

3. 合理利用和挖掘多种社会资源

学校师生、家长、社区人员以及周边从事各种职业的人都是重要的资源。本地区的民风民俗、传说故事、传统节日、文化活动、社会公益活动等，学生生活中发生的一些事例，国家和地区的一些重要事件或突发事件等，也是需要教师关注并加以整理、开发的资源。在开发和利用课程资源的过程中，要注重利用网络、电视、电影、广播、报纸、杂志等信息媒体。

附录3 义务教育思想品德课程标准（2011年版）

第一部分 前言

道德是人自身发展的需要，也是人类文明进步的重要标志。当今世界，科技进步日新月异，人类面临的共同问题不断增多，国际竞争日趋激烈，对人的思想观念、道德品质和综合素质提出了新的挑战和要求。我国社会主义经济、政治、文化、社会建设都进入一个新的历史阶段。初中学生处于身心迅速发展和学习参与社会公共生活的重要阶段，处于思想品德和价值观念形成的关键时期，迫切需要学校在思想品德的发展上给予正确引导和有效帮助。

为适应初中学生的成长需要，思想品德课程融合道德、心理健康、法律、国情等相关内容，旨在促进初中学生道德品质、健康心理、法律意识和公民意识的进一步发展，形成乐观向上的生活态度，逐步树立正确的世界观、人生观、价值观。

一、课程性质

思想品德课程是一门以初中学生生活为基础、以引导和促进初中学生思想品德发展为根本目的的综合性课程。本课程的特性主要有以下几个方面。

思想性　以社会主义核心价值体系为导向，深入贯彻落实科学发展观，根据学生身心发展特点，分阶段分层次对初中学生进行爱祖国、爱人民、爱劳动、爱科学、爱社会主义的教育，为青少年健康成长奠定基础。

人文性　尊重学生学习与发展规律，体现青少年文化特点，关怀学生精神成长需要，用初中学生喜闻乐见的方式组织课程内容、实施教学，用优秀的人类文化和民族精神陶冶学生心灵，提升学生的人文素养和社会责任感。

实践性　从学生实际出发并将初中学生逐步扩展的生活作为课程建设与实施的基础；注重与社会实践的联系，引导学生自主参与丰富多样的活动，在认识、体验与践行中促进正确思想观念和良好道德品质的形成和发展。

综合性　有机整合道德、心理健康、法律和国情等多方面的学习内容；与初中学生的家庭生活、学校生活和社会生活紧密联系；将情感态度价值观的培养、知识的学习、能力的提高与思想方法、思维方式的掌握融为一体。

二、课程基本理念

（一）帮助学生过积极健康的生活，做负责任的公民是课程的核心

初中学生正处于身心发展的重要时期，自我意识和独立性逐步增强。在初中阶段帮助学生形成良好品德，树立责任意识和积极的生活态度，对学生的成长具有基础性的作用。思想品德课程的任务是引领学生了解社会、参与公共生活、珍爱生命、感悟人生，逐步形成基本的是非、善恶和美丑观念，过积极健康的生活，做负责任的公民。

（二）初中学生逐步扩展的生活是课程的基础

思想品德是人在对生活的认识、体验和实践过程中逐步形成的。初中学生生活范围逐渐扩展，需要处理的各种关系日益增多。思想品德课程正是在学生逐步扩展的生活经验的基础上，与他们一起体会成长的美好、面对成长中的问题，为初中学生正确认识成长中的自己，处理好与

他人、集体、国家和社会的关系，提供必要的帮助。

（三）坚持正确价值观念的引导与学生独立思考、积极实践相统一是课程的基本原则

思想品德的形成与发展，离不开学生的独立思考和积极实践，国家和社会的要求只有通过学生的独立思考与实践才能为学生真正接受。思想品德课程将正确的价值引导蕴涵在鲜活的生活主题之中，注重课内课外相结合，鼓励学生在实践中进行积极探究和体验，通过道德践行促进思想品德的健康发展。

三、课程设计思路

思想品德课程以初中学生逐步扩展的生活为基础，以学生成长过程中需要处理的关系为线索，有机整合道德、心理健康、法律、国情等方面的内容，进行科学设计。

初中学生逐步扩展的生活，尤其是处在青春期的初中学生的身心发展特点是思想品德课程设计的基础，课程从学生的生活实际出发，直面他们成长中遇到的问题，满足他们发展的需要。初中阶段的学生需要进一步学习正确处理与自我、与他人和集体，以及与国家和社会的关系。这三组重要关系依次构成了本课程的三大内容板块。每一内容板块中均涉及道德、心理健康、法律和国情等方面的具体内容。

第二部分 课程目标

思想品德课程以社会主义核心价值体系为导向，旨在促进初中学生正确思想观念和良好道德品质的形成与发展，为使学生成为有理想、有道德、有文化、有纪律的社会主义合格公民奠定基础。

思想品德课程引导和帮助学生达到以下几个方面的目标。

（一）情感·态度·价值观

•感受生命的可贵，养成自尊自信、乐观向上、意志坚强的人生态度。

•体会生态环境与人类生存的关系，爱护环境，形成勤俭节约、珍惜资源的意识。

•养成孝敬父母、尊重他人、诚实守信、乐于助人、有责任心、追求公正的品质。

•形成热爱劳动、注重实践、崇尚科学、自主自立、敢于竞争、善于合作、勇于创新的个性品质。

•树立规则意识、法制观念，有公共精神，增强公民意识。

•热爱集体、热爱祖国、热爱人民、热爱社会主义，认同中华文化，继承革命传统，弘扬民族精神，有全球意识和国际视野，热爱和平。

（二）能力

•学会调控自己的情绪，能够自我调适、自我控制。

•掌握爱护环境的基本方法，形成爱护环境的能力。

•逐步掌握交往与沟通的技能，学习参与社会公共生活的方法。

•学习搜集、处理、运用信息的方法，提高媒介素养，能够积极适应信息化社会。

•学会面对复杂的社会生活和多样的价值观念，以正确的价值观为标准，作出正确的道德判断和选择。

•学习运用法律维护自己、他人、国家和社会的合法权益。

（三）知识

•了解青少年身心发展的基本常识，掌握促进身心健康发展的途径与方法，理解个体成长与社会环境的关系。

•了解我与他人和集体关系的基本知识，认识处理我与他人和集体关系的基本社会规范与道德规范。

● 理解人类生存与生态环境的相互依存关系，认识当今人类所面临的生态环境问题及其根源，掌握环境保护的基础知识。

● 知道基本的法律知识，了解法律在个人、国家和社会生活中的基本作用和意义。

● 知道我国的基本国情，初步了解当今世界发展的现状与趋势。

第三部分　课程内容

一、成长中的我

（一）认识自我

课程内容	活动建议
1.1 悦纳自己的生理变化，促进生理与心理的协调发展。 1.2 了解青春期心理卫生常识，体会青春期的美好，学会克服青春期的烦恼，调控好自己的心理冲动。	
1.3 正确对待学习压力，克服厌学情绪和过度的考试焦虑，培养正确的学习观念和成就动机。	1.3 讨论游戏活动和学习活动之间相互矛盾又相互促进的关系，树立正确的学习观念和游戏观念。
1.4 理解情绪的多样性、复杂性，学会调节和控制情绪，保持乐观、积极的心态。	1.4 分组交流当情绪冲动或低落时的表现，和老师一起讨论如何利用倾诉、转移、换位、自我宽慰等方法，合理调节情绪。
1.5 客观分析挫折和逆境，寻找有效的应对方法，养成勇于克服困难和开拓进取的优良品质。	1.5 搜集“战胜困难和挫折，在逆境中自强不息”的事例，讨论应该如何面对困难和挫折。

续表

课程内容	活动建议
1.6 主动锻炼个性心理品质，磨砺意志，陶冶情操，形成良好的学习、劳动习惯和生活态度。	
1.7 了解自我评价的重要性，能够客观地认识自我，积极接纳自我，形成客观、完整的自我概念。	1.7 从“我心目中的我”“同学心目中的我”“老师心目中的我”和“父母心目中的我”等不同角度，给自己画像，反思和分析评价的差异，找出前进的方向。

（二）自尊自强

课程内容	活动建议
2.1 认识生命形态的多样性，理解人类生命离不开大自然的哺育。	2.1 以“我们身边的动植物伙伴”为主题，作一次本地区的植物、动物物种及其生存状况的调查，观察每个物种及每个生命个体的独特性，体会生命世界的神奇。
2.2 认识自己生命的独特性，珍爱生命，能够进行基本的自救自护。	2.2 通过观看纪录片、图片等方式，初步了解地震、火灾、水灾等灾害，学习一些自护、自救、互救、他救的常识。
2.3 自尊、自爱，不做有损人格的事。	
2.4 体验行为和后果的联系，懂得每个行为都会产生一定后果，学会对自己的行为负责。	2.4 开展一次合法、安全的“行为后果体验”活动，从中感受“为自己行为负责”这一意识的重要性。

续表

课程内容	活动建议
2.5 能够分辨是非善恶，学会在比较复杂的社会生活中作出正确选择。 2.6 体会生命的价值，认识到实现人生意义应该从日常生活的点滴做起。 2.7 养成自信自立的生活态度，体会自强不息的意义。	2.6 列举一些中外人物特别是革命领袖和英雄人物的事例，或围绕自己和同学的生活故事，就“人生的意义”开展一次主题讨论。

（三）心中有法

课程内容	活动建议
3.1 知道法律是由国家制定或认可，由国家强制力保证实施的一种特殊行为规范。理解我国公民在法律面前一律平等。 3.2 知道不履行法律规定的义务或作出法律所禁止的行为都是违法行为，理解任何违法行为都要承担相应的法律责任，受到一定的法律制裁。 3.3 知道法律对未成年人的特殊保护，了解家庭保护、学校保护、社会保护和司法保护的基本内容。掌握获得法律帮助和维护合法权益的方式和途径，提高运用法律的能力。	3.1 结合本地实际情况，用与学生生活密切相关的案例，讨论说明法律面前人人平等。 3.2 列举预防未成年人犯罪法规定的易沾染的不良行为和严重不良行为表现，分析这些行为对个人、家庭及社会的危害。 3.3 搜集保护未成年人合法权利的典型案例，讨论和说明未成年人增强自我保护意识的重要意义。

续表

课程内容	活动建议
3.4 了解违法与犯罪的区别，知道不良心理和行为可能发展为违法犯罪，分析未成年人犯罪的主要原因，增强自我防范意识。	3.4 搜集身边的案例，讨论并说明扰乱公共秩序、妨害公共安全、妨害社会管理秩序等具有社会危害性的行为，都是违法行为。

二、我与他人和集体

（一）交往与沟通

课程内容	活动建议
1.1 知道礼貌是文明交往的前提，掌握基本的交往礼仪与技能，理解文明交往的个人意义和社会价值。	1.1 交流使用和不使用文明礼貌用语，以及在公共场所大声喧哗和轻声细语的不同感受，体会讲文明、懂礼貌在生活中的作用和价值。
1.2 了解青春期闭锁心理现象及危害，积极与同学、朋友和成人交往，体会交往与友谊对生命成长的意义。	
1.3 体会父母为抚养自己付出的辛劳，孝敬父母和长辈。学会与父母平等沟通，调适“逆反”心理。增强与家人共创共享家庭美德的意识和能力。	1.3 举办搜集“父母说得最多的十句话”的活动，尝试理解父母“源于爱”的初衷，同学之间进行交流和分享。
1.4 了解教师的工作，积极与教师进行有效沟通，正确对待教师的表扬与批评，增进与教师的感情。	1.4 采访老师，内容包括该老师对其所教学科的认识、对班级的评价和期望、生活中的烦恼和欢乐等，根据采访写出报告。

续表

课程内容	活动建议
1.5 学会用恰当的方式与同龄人交往，建立同学间的真诚友谊，正确认识异性同学之间的交往与友谊，把握原则与尺度。	1.5 搜集灾难或其他事件中中学生勇救他人、互相救助的感人事迹，体会同学友谊的珍贵。

（二）在集体中成长

课程内容	活动建议
2.1 正确认识个人与集体的关系，主动参与班级和学校活动，并发挥积极作用。有团队意识和集体荣誉感，感受学校生活的幸福，体会团结的力量。	2.1 开展多样化的班集体活动，在集体活动中体会温暖与力量。
2.2 学会换位思考，学会理解与宽容，尊重、帮助他人，与人为善。	2.2 用小组交流的方式讨论在与同学发生争执时，如何通过换位思考或其他方式来化解矛盾。
2.3 领会诚实是一种可贵的品质，正确认识生活中诚实的复杂性，知道诚实才能得到信任，努力做诚实的人。	2.3 以“诚信”为题展开一次课堂讨论。
2.4 理解竞争与合作的关系，能正确对待社会生活中的竞争，敢于竞争，善于合作。	
2.5 知道每个人在人格和法律地位上都是平等的，做到平等待人，不凌弱欺生，不以家境、身体、智能、性别等方面的差异而自傲或自卑，不歧视他人，富有正义感。	2.5 就“公民的平等”问题开展一次课堂讨论，理解平等主要表现在人格与法律地位上。

(三) 权利与义务

课程内容	活动建议
3.1 了解宪法对公民基本权利和义务的规定，懂得正确行使权利、自觉履行义务。	
3.2 知道公民的人身权利受法律保护，任何非法侵害他人人身权利的行为，都要承担相应的法律责任。	3.2 搜集因侵犯人身权利而受到法律严厉惩处的案例，说明公民的人身权利受到法律保护，并讨论维护人身权利的途径和方法。
3.3 知道公民有受教育的权利和义务，学会运用法律维护自己受教育的权利，自觉履行受教育的义务。	3.3 搜集有关资料，讨论维护受教育权利的途径。
3.4 知道法律保护公民的财产，未成年人的财产继承权和智力成果不受侵犯，学会运用法律保护自己的经济权利。	
3.5 知道法律保护消费者的合法权益，学会运用法律维护自己作为消费者的权益。	3.5 搜集侵害消费者权益的典型案例，讨论如何维护消费者权益。

三、我与国家和社会

(一) 积极适应社会的发展

课程内容	活动建议
1.1 关注社会发展变化，增进关心社会的兴趣和情感，养成亲社会行为。正确认识好奇心和从众心理，发展独立思考和自我控制能力。	1.1 选取一个感兴趣的社会热点话题或现象，发表个人的意见和看法，并与同学交流。

续表

课程内容	活动建议
1.2 合理利用互联网等传播媒介，初步养成积极的媒介批评能力，学会理性利用现代媒介参与社会公共生活。	1.2 开展“假如没有网络，我的生活会怎样”的讨论活动，思考如何正确使用网络。
1.3 了解不同劳动和职业的特点及其独特价值，做好升学和职业选择的心理准备。	
1.4 知道责任的社会基础，体会承担责任的意义，懂得承担责任可能需要付出代价，知道不承担责任的后果，努力做一个负责任的公民。	1.4 尝试分析自己在家庭、学校和社区中的不同责任。就“怎样做一个负责任的公民”进行一次主题讨论。
1.5 理解遵守社会规则和维护社会公正对于社会稳定的重要性，正确认识和理解社会矛盾，理解发展与稳定的辩证关系。	
1.6 积极参与公共生活、公益活动，自觉爱护公共设施，遵守公共秩序，有为他人、为社会服务的精神。	1.6 考察社区内残障人群在生活上的主要困难，向社区管理部门提出改善的建议。组织一次志愿者活动，在社区内开展有意义的公益服务。
1.7 感受个人成长与民族文化和国家命运之间的联系，提高文化认同感、民族自豪感，以及构建社会主义和谐社会的责任意识。	1.7 举行“祖国发展我成长”的主题班会，认识祖国发展的大好形势，回顾自己的成长历程，感受二者之间的关系。

（二）认识国情，爱我中华

课程内容	活动建议
2.1 知道我国的人口、资源、环境等状况，了解计划生育、保护环境、合理利用资源的政策，形成可持续发展意识。 2.2 知道我国是一个统一的多民族国家，各民族人民平等互助、团结合作、艰苦创业、共同发展。 2.3 了解我国在科技、教育发展方面的现状，理解实施科教兴国战略的现实意义，认识科技创新的必要性，努力提高自身素质。 2.4 了解全面建设小康社会的奋斗目标。知道促进城乡、区域协调发展是实现全面建设小康社会奋斗目标的一项重要要求。	2.1 调查本地区存在的资源短缺问题，根据科学发展观的要求，通过讨论共同设计一条珍惜资源的宣传标语。
2.5 知道中国特色社会主义理论体系。了解我国现阶段基本经济制度和政治制度，知道我国各民族人民的共同理想。 2.6 学习和了解中华文化传统，增强与世界文明交流、对话的意识。	2.5 搜集中华人民共和国成立特别是改革开放以来，反映社会生活中发生巨大变化的资料，讨论变化的原因，感受中国共产党是我们事业发展的领导核心。
2.7 了解文化的多样性和丰富性，尊重不同的文化和习俗，以平等的态度与其他民族和国家的人民友好交往。 2.8 了解当今世界发展趋势，知道我国在世界格局中的地位、作用和面临的机遇与挑战，增强忧患意识。	2.7 分组搜集不同国家、民族和区域的独特文化，认识文化的多样性和丰富性。

续表

课程内容	活动建议
2.9 认识树立全球观念的重要性，增强为世界和平与发展作贡献的意识和愿望。	2.9 以世界地图为依托，开展“我在地图上旅行”的演讲活动，收集不同国家的自然风光、人文历史等素材，积极感受“和平进步、和谐发展、和睦相处、合作共赢、和美生活是全世界的共同理想”。

（三）法律与秩序

课程内容	活动建议
3.1 知道中华人民共和国宪法是我国的根本大法，是全国各族人民、一切国家机关和武装力量、各政党和各社会团体、各企业事业组织的根本活动的准则，增强宪法意识。	3.1 以班级为单位，举行“宪法在我心中”的主题活动。
3.2 知道依法治国就是依照宪法和法律的规定管理国家，体会依法治国基本方略的实施有赖于每个公民的参与，是全体公民的共同责任。	3.2 开展“我是中国公民”主题活动，讨论群众举报和舆论监督对维护司法公正和社会秩序的作用。
3.3 知道我国环境保护的基本法律，增强环境保护意识，自觉履行保护环境的义务。	3.3 以“环境保护，人人有责”为主题，设计一个以班级为单位的讨论活动，并进行相应的实践。
3.4 了解建立、健全监督和制约机制是法律有效实施和司法公正的保障，增强公民意识，学会行使自己享有的知情权、参与权、表达权、监督权。	

续表

课程内容	活动建议
3.5 懂得维护国家统一，维护各民族的团结，维护国家安全、荣誉和利益是每个公民的义务。	3.5 结合本地实际，以“维护国家各民族的团结”为主题，开展一次主题活动。

关于活动建议的说明：

以上表格中的课程内容不全配有活动建议，活动建议的编号是依据与之相关联的课程内容的编号进行编制的。活动建议仅具有参考价值，教师可结合本地情况设计、选择适当的活动方式和内容。

第四部分　实施建议

一、教学建议

教学是落实本标准、达成思想品德课程目标的主要途径和基本环节。教学的组织与实施，应全面贯彻党的教育方针，以社会主义核心价值体系为导向，坚持正确的政治方向；应坚持课程改革的理念和要求，贯彻思想品德教学原则，进行教学改革，提高思想品德教学的实效性；应以本标准为依据，遵循初中学生身心发展和思想品德形成与发展的规律。

（一）准确把握课程性质，全面落实课程目标

教学应准确把握课程的综合性，以学生健康成长需要处理的主要关系为线索，将道德、心理健康、法律、国情等内容进行有机整合、科学设计，避免将这些内容割裂开来，分块进行教学；应准确把握思想品德课程的德育性，避免概念化、孤立化地传授和记诵知识，努力使知识的学习服务于学生思想道德发展的需要。

（二）强调与生活实际以及与其他课程的联系

教师要深入了解学生的学习需求，面向丰富多彩的社会生活，善于

开发和利用初中学生已有的生活经验，选取学生关注的话题组织教学，为学生的思想道德成长服务。思想品德课程实施者应增强课程的开放性，积极开发各门学科中的相关资源，加强与其他课程的有机联系和融通，形成教育合力。

（三）创造性地使用教材，优化教学过程

教材是学生学习的基础性资源，教师要了解和研究教材的整体布局，把握教材具体内容在单元和整个教材中的地位、任务，根据本标准，设定鲜明而集中的教学目标。在合理使用教材的基础上，教师应创造性地组织教学内容，设计合理的教学结构，灵活采用多种教学方法和手段，优化教学过程，提高课堂教学水平。

（四）注重学生的情感体验和道德实践

情感体验和道德实践是最重要的道德学习方式。教师要善于利用并创设丰富的教育情境，引导和帮助学生通过亲身经历与感悟，在获得情感体验的同时，深化思想认识。教师还要为学生提供直接参与实践的机会，提高他们道德践行的能力。

（五）引导学生学会学习

教学中，教师要激发学生的学习积极性，引导学生通过调查、参观、讨论、访谈、项目研究、情境分析等方式，引导学生主动探索社会现实与自我成长中的问题，在合作和分享中扩展自己的经验，在自主探究和独立思考的过程中增强道德学习能力。

二、评价建议

思想品德课程评价是促进学生思想品德健康发展的重要手段。设计思想品德课程评价方案时，应以课程目标和课程内容为依据，体现学科评价特点，搜集学生学习的完整信息，客观评价学生的思想道德状况。教师要总结与反思评价结果，改进教学，进而更好地实现课程目标。

（一）评价目标

思想品德课程的评价目标是，考查学生达成学习目标的程度，提高教学质量，保证课程目标的实现，使评价成为促进教师教学、学生思想品德发展与提高的有效手段。

（二）评价方式

思想品德课程倡导的评价方式主要有以下几种。

观察　教师在自然状态下，有目的、有计划地观察学生在日常学习、生活中所表现出来的情感、态度、能力和行为，并记录下来，作为对学生进行评价和引导的依据。

描述性评语　教师在与学生进行充分交流的基础上，用描述性的语言将学生在思想品德某一方面的表现，如态度、能力和行为等写成评语，并针对存在的问题提出改进建议。

项目评价　按照不同项目将学生分成若干小组，由学生自主设计活动计划，学生可以围绕真实的社会生活问题进行收集、组织、解释或表达信息，如提交调查报告或小论文等。师生可以对小组成果进行分析，将小组评价与个人评价相结合。

谈话　教师通过与学生各种形式的交流和对话，获得学生思想品德发展状况的信息，据此对学生进行评价和引导。

成长记录　教师应建立学生的成长记录袋。记录学生在思想品德课程学习中的各种表现，主要是进步和成就。以学生的自我记录、自我小结为主，教师、同学、家长共同参与，学生以评价对象和评价者的双重身份参与评价过程。

考试　考试方式应灵活多样，如辩论、情境测验、开闭卷的笔试等。要加强思想品德考试命题研究，注重考查学生运用知识解决道德实践中实际问题的能力，发挥考试对教学的正确导向作用。

思想品德课程鼓励学校教师结合本校实际，积极探索独具特色、符合本课程特性和学生发展实际情况的有效评价方式。

（三）评价实施要求

1. 评价要客观、公正，要准确记录和描述学生的学习状况和思想品德发展状况，调动学生道德学习的积极性。

2. 评价不仅要重视结果，更要注重发展、变化和过程，要把形成性评价与终结性评价结合起来，突出形成性评价。要注意给予学生足够的机会展示他们的学习成果。

3. 要重视学生、教师和家长在评价过程中的作用，使评价成为学生、教师、家长等共同参与的交互活动，使评价过程成为促进学生、教师共同发展的过程。

4. 各级教育行政、招生考试部门以及学校教师在设计思想品德课程评价方案时，必须以本标准评价目标与评价实施要求为依据，综合多方面获取的考查信息，对学生的思想品德课程学习作出合理评价。要注意评价的导向性，不能用单一的知识性考试成绩作为对学生思想品德课程学习质量评价的唯一方式，警惕应试倾向的评价方式，避免评价方式偏离本课程目标和理念。

三、教材编写建议

教材编写者要遵循《基础教育课程改革纲要（试行）》和《中小学教材编写审定管理暂行办法》的基本精神和要求，以本标准为依据，以现实的社会生活与学生生活面临的各种现象和实际问题为基础，创造性地编写教材。

（一）准确理解和把握课程标准，坚持正确的导向

教材编写要以社会主义核心价值体系为指导，更新教育观念，创造性地体现和强化创新精神和实践能力的培养，加强思想品德教育的针对性、实效性和主动性，准确把握课程标准对课程性质的规定，体现课程理念，紧扣课程目标，充分发挥思想品德课程在学校德育中的基础性、

导向性作用。

（二）遵循思想品德形成和发展规律，体现思想道德学习的独特性

教材内容的编排与呈现要依据学生思想品德形成和发展的一般规律，从学生自身的生活经验出发，以学生能够接受、乐于参与和能够促进思考、拓展体验、激发实践等有利于品德发展的方式组织和表述教学内容，将课程的价值引导意图转化为学生学习与发展的内在需求，创造出一个生机盎然的学习空间。

（三）选取现实生活中的素材，突出教材与生活的联系

教材编写应以学生道德认知、道德情感及道德实践水平为基础，选取学生关心的具有教育意义的现实问题、实际事例作为主要素材进行提炼，使教材成为联系现实生活与实践的桥梁，为思想品德教学更好地走进学生的内心世界提供良好的平台。

（四）倡导以主题方式呈现课程内容，激发学生思考、探索的兴趣

教材编写应从具有普遍意义的典型事件或问题中选取主题，以问题解决为中心，统筹设计教材结构，将心理健康、道德、法律、国情等学习内容有机整合，避免对课程内容进行分块式的机械处理。将基本原理、基本概念和基本知识融入生活实例之中，呈现方式要生动活泼。设计开放性的探索环节，以激发学生参与和思考的热情，培养学生自主学习的能力。

（五）应充分考虑和体现不同地区的特点

在保证达到课程标准基本要求的前提下，教材编写在内容和呈现形式上要因地制宜，以适应不同地区及城乡学生的特点和需求。

四、课程资源开发与利用建议

课程资源既包括学校内的教育资源，也包括学校外的各类社会机构和各种教育渠道所蕴含的多种教育资源，教师应建立融合、开放、发展的课程资源观，整合并优化课程资源，充分发挥各种课程资源的人文教

育功能，使之为课程实施和教学服务。

1. 根据教学目标的需要，开发、选择一切可以利用的课程资源，为实现教育目标服务。

2. 尽量组合不同类型的资源，将文本资源、音像资源、实物资源等结合起来，使学生深入理解课程内容。

3. 鼓励和指导学生参与课程资源的开发，重视对学生自身资源的开发，使学生的参与过程和生活体验成为课程资源的重要组成部分。

4. 结合当地和学校实际情况，重视对本土资源尤其是农村乡土资源的开发和利用，发挥本土资源的优势和独特价值。

5. 课程资源的开发和利用要服务于教学内容，充分发挥课程资源的效能，避免盲目性和形式主义。

附录4 学校民族团结教育指导纲要（试行）

我国是各族人民共同缔造的统一的多民族国家。在新时期，在科学发展观指导下，实现我国经济社会事业又好又快发展、促进我国的团结统一和繁荣富强、全面构建和谐社会等，都要求必须大力加强学校的民族团结教育工作。在各级各类学校扎实抓好以马克思主义民族观、党和国家的民族政策为重点内容的民族团结教育工作，培养各族学生的民族团结意识，提高各族学生维护祖国统一、民族团结、反对分裂的自觉性，增强各民族的向心力和凝聚力，是关系中华民族伟大复兴的战略任务，是巩固和发展“平等、团结、互助、和谐”的社会主义民族关系，维护社会稳定和国家统一的必然要求。根据《中华人民共和国宪法》《中华人民共和国民族区域自治法》《中华人民共和国教育法》《爱国主义教育实施纲要》《中共中央国务院关于进一步加强民族工作加快少数民族和民族地区经济社会发展的决定》《国务院关于深化改革加快发展民族教育的决定》和《中共中央国务院关于加强和改进未成年人思想道德建设的若干意见》有关精神和规定，为在新时期进一步加强和规范各级各类学校的民族团结教育工作，在认真总结经验的基础上，特制定本纲要。

一、民族团结教育的指导思想、课程性质和基本原则

1. 开展学校民族团结教育工作，必须高举中国特色社会主义伟大旗帜，坚持以邓小平理论、“三个代表”重要思想和科学发展观为指导；全面贯彻党的教育方针和民族政策；坚持育人为本，把民族团结教育贯穿于学校教育工作的各个环节，牢固树立“增强民族团结、维护祖国统一、反对民族分裂”的意识。

2. 民族团结教育课程是根据国家统一要求列入地方课程实施的重要专项教育，是学校教育的组成部分。

3. 开展学校民族团结教育，要立足引导，重在教育。遵循各族学生的认知特点和身心发展规律，注重理论与实践相结合，有重点、分层次、有针对性地进行教育。坚持专项教育与在其他学科教学中的渗透相结合；课堂教育与寓教于乐的实践活动相结合；掌握知识、培养能力与正确人生观、价值观的养成相结合；过程、方法与目标相结合；学校教育与家庭、社会教育相结合；统一要求与体现各民族和地区的特点相结合；贴近生活、贴近实际、贴近学生情感。开展民族团结教育工作，要做到由浅入深，循序渐进，不断巩固，注重实效。

二、民族团结教育的目标与任务

4. 民族团结教育的目标是，使各族学生思想认识和行为自觉地统一到党和国家的要求上来，增进对中华民族的认同和历史、文化的了解，促进56个民族优秀文化传统的相互交流、继承和发扬；增进各族学生对我国各民族共同缔造伟大祖国历史的认识，增强各族学生维护民族团结、维护国家统一、反对分裂的责任感和自觉性；认识和理解马克思主义关于民族问题的基本理论及党和国家的民族政策；在社会交往中，具备正确对待和处理民族问题的基本素质；自觉维护我国各民族“平等、团结、互助、和谐”社会主义关系，促进各民族的共同进步和祖国繁荣昌盛。

5. 民族团结教育的主要任务是全面贯彻党的教育方针、民族政策，按照素质教育的基本要求，重视中华历史文化和爱国主义教育，加深师生对民族团结必要性和重要性的认识。不断丰富学校民族团结教育的内容和形式，使各族学生牢固树立正确的祖国观、民族观、文化观；加强“三个离不开”（汉族离不开少数民族，少数民族离不开汉族，各少数民族之间也相互离不开）教育；了解和把握在处理影响民族团结问题的事件中坚持“四个维护”（维护人民利益，维护法律尊严，维护民族团结，维护祖国统一）原则；开展具有民族特色的教育活动，促进各民族之间的平等团结，树立民族自尊心和自豪感，不断增强中华民族的向心力、凝聚力。

三、民族团结教育的主要内容

6. 民族团结教育的主要内容包括：正确认识中华和各民族的特征，普及民族知识，树立民族团结意识；知道党和国家的民族政策及其必要性和重要性，了解我国民族问题的基本特点，学习马克思主义和党的民族基本理论，树立马克思主义民族观；从历史的、世界的视野分析和探讨各种民族现象，进一步认识党和国家的民族政策的优越性；联系实际进行思考、探讨，在思想和行为上培养贯彻执行党和国家民族政策的基本素质和能力。

7. 开展民族团结教育必须贯彻育人为本的原则，必须从不同地区的实际和各族学生不同年龄阶段身心发展的特点出发，分阶段、分层次、有重点、有针对性地设置具体教育内容。要把不同学段的民族团结教育内容有机地整合起来，统筹安排。

◆小学中年级阶段（三、四年级）

	内容标准
民族知识启蒙教育	①了解我国是一个由56个民族组成的统一的多民族社会主义国家； ②知道中华民族是由56个民族共同组成的大家庭，中华民族是我国56个民族的总称； ③初步了解56个民族的基本特征； ④了解自己所属民族的分布区域、人口数量，以及语言、文字及主要的文化特点和风俗习惯等； ⑤形成民族团结的基本意识。

◆小学高年级阶段（五、六年级）

	内容标准
民族常识教育	①了解56个民族的地域分布及居住特点； ②了解各民族的主要风俗习惯； ③了解各民族语言文字特点； ④知道各民族著名人物； ⑤了解各民族在文化艺术、科技等方面的特色与成就； ⑥知道中华各族人民凭借勤劳、勇敢和智慧，共同开拓了祖国的疆土，发展了祖国的经济和文化； ⑦了解各民族之间应当平等相待以及各民族人民需要和谐相处，共同进步； ⑧形成“促进民族团结、维护国家统一、反对民族分裂”必要性的基本认识。

◆初中阶段（七、八年级）

	内容标准
民族政策常识教育	①了解党和国家制定的坚持民族平等、维护民族团结、实行民族区域自治、培养少数民族干部和各类人才、发展民族地区经济和科教文卫事业、各民族有使用和发展本民族语言文字的权利、各民族有保持和改革本民族风俗习惯的权利、依法保障少数民族宗教信仰自由等民族政策的基本内容； ②知道党和国家制定上述政策的历史背景和取得的巨大成就； ③正确认识与对待党和国家的民族政策，在日常生活中，能遵循并运用民族政策分析和解决实际问题，进一步树立和巩固促进民族团结、维护国家统一、反对民族分裂的意识。

◆高中阶段（普通高级中学十、十一年级）

	内容标准
民族理论常识教育	①学习和掌握我们党关于民族问题的基本理论，具备一定的理论素养； ②从中华民族的历史演变、现状和特点，了解我国现阶段民族问题的特点及其原因，牢固树立马克思主义民族观； ③初步了解世界各国多民族国家进退兴衰的历史和现状，在比较中进一步认识我们党和国家民族政策的优越性，坚定中华民族伟大复兴的信心。

◆高中阶段（中等职业技术学校一、二年级）

	内容标准
民族理论常识实践教育	①学习马克思主义和党的民族理论，提高理论素养； ②从中华民族的历史演变、现状和特点，了解我国现阶段民族问题的基本国情及其原因，牢固树立马克思主义民族观； ③初步了解世界各国多民族国家进退兴衰的历史和现状，在比较中进一步认识我们党和国家民族政策的优越性，坚定中华民族伟大复兴的信心； （以上标准在整体篇幅中可适当压缩） ④对在职业生涯中注意贯彻党的民族政策的重要意义有较全面的认识； ⑤在职业生涯和交往中具备较强正确处理民族关系的能力。

四、民族团结教育的实施途径和方法

8. 中小学要设置专门的民族团结教育课程。学校是对各民族学生进行民族团结教育的重要场所，应将民族团结教育的各项活动规范有序安排，保证活动质量。要通过课堂教学、专题教育活动和实践活动等多种方式，把民族团结教育贯穿到小学至高中教育阶段的教学、育人全过程中，特别要发挥好课堂教学主渠道的作用，确保教学时间和教学质量。要因地制宜组织好教学活动，教学活动形式的选择要符合各族学生的年龄特征，将课堂教学和实践活动有效结合起来，在学习和生活中践行马克思主义祖国观、民族观、文化观，增强中华民族大家庭的民族自豪感。

9. 除课堂教学主渠道外，不同学校应根据自身的实际情况，因时因地制宜，灵活选择、使用多种形式、途径和方法开展学校民族团结教育。注意发挥各种民族团结教育方法和途径的综合作用，提高民族团结教育的效果。要充分利用班会、团队活动、升旗仪式、专题讲座、墙报、板报等方式，组织开展“民族知识、绘画与手工、演讲、民族歌舞”等丰富多彩生动活泼的竞赛活动；定期表彰民族团结先进校、班集体和个人；相关学科渗透，与学校艺术教育与素质教育紧密结合起来；组织师生参观互访，相互学习，积极开展各民族学生之间结对帮学等活动。

10. 民族团结教育是学校、家庭和社会的共同责任。各级各类学校、家庭和社会要密切配合，充分利用各种社会资源、自然资源，从学生所在地域的实际生活中捕捉有教育意义的内容。要通过地域性民族特点的介绍，使学生知道家乡的民族特色、风俗文化，关心本地区民族的经济与社会的发展变化，尊重各民族的风俗习惯。同时，通过对各地区民族特点和发展现状的了解，振奋民族精神，凝聚各民族人民的力量，不断增强不同民族学生对中华民族优秀文化的认同，不断增强民族自尊心、自信心和自豪感。

11. 融合多种教育资源，加强民族团结教育基地建设。各地要充分利用现有资源，如博物馆、纪念馆、文物古迹等，建立民族团结教育基地，有效配置文本资源（如图书、报纸、杂志、照片、地图、图表等）和音像资源（如电影、电视节目、录像、VCD、磁带和各类教育软件）。聘请各民族为民族团结进步事业做出突出贡献的先进模范人物为顾问或校外辅导员，充分发挥民族团结教育基地的作用，保证民族团结教育工作的顺利和有效开展。

五、民族团结教育的师资培养与培训工作

12. 开展学校民族团结教育，师资队伍建设和师资培训工作是关键。要致力培养一支爱党爱国，政治上与党中央保持高度一致，有比较丰富的人文社会科学知识、民族知识和民族理论素养，具备一定的思想政治教育经验，献身民族团结教育事业的教师队伍。

13. 应对承担民族团结教育的教师组织专门培训。各级各类学校的校长、政教主任、团队工作者和思想品德课教师及相关学科教师，都可以承担民族团结教育的教学工作。教育部和国家民委将组织有关专家编写民族团结教育方面的教师培训用书，并有计划、分期分批地培训民族团结教育的骨干教师。各级教育行政部门和学校要积极组织教师从事民族团结教育的专业培训，并把民族团结教育的教师培训列入当地和学校师资培训计划以及在职教师继续教育的培训系列。

14. 各级教育行政、民族工作部门和学校要根据本地教师队伍建设规划和教育教学实际，制订本地区民族团结教育教师队伍建设的具体计划。根据各级各类学校实际情况，逐步建立在主管校长领导下，以政教主任、思想品德课和思想政治课教师、班主任和团队干部为主体，聘请一定数量的兼职教师，全体教师共同参与的民族团结教育教师队伍。

15. 各级教育行政、民族工作部门和学校要根据学科建设、教材建设和教师骨干队伍建设的长远需求，采取切实可行的具体措施。如开展岗前培训、教学研究、集体备课、集体教研、教学竞赛和教学经验交流等，有计划地组织优秀教师考察学习、参加学术会议、调查研究，不断提高教师从事民族团结教育的思想素质和业务水平。对各学科教师要提出民族团结教育的具体要求，使每个教师将民族团结教育自觉地渗透到学校教育教学活动的各个环节，充分发挥教师的主导作用，增强民族团结教育的效果。

六、民族团结教育的组织实施

16. 加强对学校民族团结教育工作的指导与管理。民族团结教育工作是学校工作的重要组成部分，各级教育行政、民族工作部门要进一步加强对做好民族团结教育工作的领导，把民族团结教育工作纳入重要工作安排。加强工作指导、制订相应管理办法，积极组织各级各类学校开展民族团结教育工作，帮助学校解决工作中的问题和困难，使学校民族团结教育工作朝着科学化、规范化和制度化的正确方向发展。

17. 各级教育行政、民族工作部门都应有相关机构和人员专门负责或分管学校民族团结教育工作，各级教（科）研部门要积极配合、支持搞好学校民族团结教育。各级各类学校要建立由分管校长负责、有关职能部门相互配合、学校有关教师具体实施的民族团结教育工作机制。要加强对学校民族团结教育工作的日常检查和督促工作，定期举行学校民族团结教育的总结与表彰。各级教育行政部门和学校必须保证民族团结教育课程的时间安排，小学和初中阶段每学年要保证 10 ~ 12 个学时的教学活动时间，高中阶段的普通高中每学年保证 8 ~ 10 个学时的教学活动时间，高中阶段的中等职业技术学校每学年保证 12 ~ 14 个学时的教学活动时间。

18. 加强民族团结教育教学资源建设。在学校开展民族团结教育活动，不是权宜之计，而是一项长期的战略任务，同时又是一项政策性很强的工作。为此，各地开展民族团结教育活动的文本和音像教材等，由教育部和国家民委组织专家编写和制作，经全国中小学教材审定委员会民族团结教育教材审查专门委员会审定后统一使用。未经审定的有关民族团结教育方面的资料、图书、音像等一律不得进入学校。上述教材的使用由地方各级教育行政部门纳入课程教材使用规划予以落实。同时，要重视和加强民族团结教育教师教学网络资源库的建设和共享。

19. 各级教育科研单位和学校要加强民族团结教育的教研活动和课题研究。把民族团结教育研究列入当地课题研究规划，及时总结和交流研究成果。学校在进行民族团结教育教学活动时，要从学生实际出发，采用多种方法，提高教育质量。学校要充分调动教师的积极性，有针对性地开展民族团结教育的校本研究；坚持理论与实践相结合，通过带课题培训与合作研究等方式，推广优秀科研成果。

20. 要重视对学校民族团结教育活动的评价和督导工作。各级教育行政、民族工作部门要制订科学的民族团结教育评价方案，加强对教学效果的考察考评工作，切实保障学校民族团结教育活动不流于形式、不走过场。

21. 民族团结教育是一项长期的系统工程。这也是一项政治性强、政策性强、涉及知识面广的教育工作。各级教育行政、民族工作部门和学校要注意从政治的高度掌握政策，既要积极稳妥做好把关、指导工作，又要统筹安排、加强协调，积极争取相关部门的配合支持，妥善解决教育、教学活动中的有关问题。同时，各地教育行政、民族工作部门和学校要及时总结经验，发现问题，推广典型，以便为深入推进这项工作创造更好的条件。

教育部办公厅　国家民族事务委员会办公厅

二〇〇八年十一月二十六日

主要参考文献

［1］黄济．教育哲学通论．太原：山西教育出版社，2007.

［2］陆有铨．现代西方教育哲学．郑州：河南教育出版社，1993.

［3］李强．自由主义．北京：中国社会科学出版社，1998.

［4］施良方．学习论．北京：人民教育出版社，2000.

［5］秦晖．变革之道．郑州：郑州大学出版社，2007.

［6］童星主编．现代社会学理论新编．南京：南京大学出版社，2003.

［7］朱晓宏．公民教育．北京：教育科学出版社，2003.

［8］王文岚．社会科课程中的公民教育研究．北京：中国社会科学出版社，2006.

［9］王鉴，万明钢．多元文化教育比较研究．北京：民族出版社，2006.

［10］赵亚夫．学会行动——社会科课程公民教育的理论与实践．北京：高等教育出版社，2004.

［11］李稚勇．社会科教育概论．北京：高等教育出版社，2005.

［12］赵晖．社会转型与公民教育：中国公民教育目标与内容体系的建构．北京：人民教育出版社，2007.

［13］蓝维，等．公民教育：理论、历史与实践探索．北京：人民

出版社，2003.

［14］王啸．全球化时代的中国公民教育．福州：福建教育出版社，2006.

［15］杨福禄．和谐社会构建中的公民教育问题研究．济南：山东人民出版社，2010.

［16］张华．课程与教学论．上海：上海教育出版社，2000.

［17］郑金洲．多元文化教育．天津：天津教育出版社，2004.

［18］黄仕清．土家族地区教育问题研究．北京：民族出版社，2003.

［19］秦树理主编．国外公民教育概览．郑州：郑州大学出版社，2005.

［20］张志义主编．八国两地区德育比较．福州：福建教育出版社，1992.

［21］敖洁．大学生公民教育的理论与实践．长沙：湖南大学出版社，2010.

［22］苏守波．美国现代化进程中的公民教育．济南：山东人民出版社，2011.

［23］邱均平，等．文献计量内容分析法．北京：国家图书馆出版社，2008.

［24］中共中央文献研究室编．十七大以来重要文献选编（上）．北京：中央文献出版社，2009.

［25］中华人民共和国教育部制订．普通高中历史课程标准（实验）．北京：人民教育出版社，2003.

［26］易中天．公民心事：权利、责任、常识．桂林：广西师范大学出版社，2011.

［27］檀传宝，等．公民教育引论．北京：人民出版社，2011.

[28] 李长伟．古典传统与公民教育．北京：教育科学出版社，2010.

[29] 冯留建．公民意识新论．北京：新华出版社，2009.

[30] 时全丽．论社会主义市场经济体制下的高职院校学生公民意识教育．上海：华东师范大学硕士学位论文，2009.

[31] 王守暖．中职学生公民意识培养研究．济南：山东师范大学硕士学位论文，2009.

[32] 于永梅．全球化视域下的公民教育研究．西安：长安大学硕士学位论文，2007.

[33] 易斌彬．和谐社会视域中的公民意识培育．赣州：江西理工大学硕士学位论文，2010.

[34] 解语．全球化背景下的美国学校公民教育研究．长沙：湖南师范大学硕士学位论文，2010.

[35] 魏人山．论和谐社会公民意识的构建．长沙：湖南师范大学硕士学位论文，2010.

[36] 陈静．社会主义民主政治视域中的公民意识培育．苏州：苏州大学硕士学位论文，2008.

[37] 陈得印．当代中国公民意识的生成基础及培育路径．沈阳：东北大学硕士学位论文，2008.

[38] 姚笛．东北大学本科生公民意识状况的实证研究．沈阳：东北大学硕士学位论文，2008.

[39] 车环平．我国中学生公民意识教育研究．兰州：西北师范大学硕士学位论文，2010.

[40] 李超．美国中小学公民教育研究．大连：辽宁师范大学硕士学位论文，2008.

[41] 邓恢祯．多元文化时代的公民教育研究．上海：华东师范大

学硕士学位论文，2009.

［42］李好．国外中小学公民教育课程研究．大连：辽宁师范大学硕士学位论文，2007.

［43］王静．我国公民教育实施现状及对策研究．合肥：合肥工业大学硕士学位论文，2010.

［44］王娜娜．对现阶段我国公民教育的反思与探索．天津：天津师范大学硕士学位论文，2007.

［45］石柳松．政治伦理视域中的公民意识研究．苏州：苏州大学硕士学位论文，2010.

［46］唐琼梓．初中生公民责任意识培养研究．郑州：郑州大学硕士学位论文，2010.

［47］何琳琳．关于五年制高职思想政治课教学渗透公民意识教育的初步思考．上海：上海师范大学硕士学位论文，2011.

［48］晏志伟．高中生公民民主意识教育探讨．南昌：江西师范大学硕士学位论文，2011.

［49］季红霞．初中思想品德课中公民意识的培养．南京：南京师范大学硕士学位论文，2011.

［50］刘启红．全球化时代中学生世界公民意识现状与世界公民教育．南京：南京师范大学硕士学位论文，2011.

［51］赵海亭．新疆中学生公民意识现状及教育对策研究．乌鲁木齐：新疆师范大学硕士学位论文，2011.

［52］郭春亚．思想品德课对初中生的公民意识的培养．苏州：苏州大学硕士学位论文，2011.

［53］陈苏苏．论社区的公民意识教育．上海：复旦大学硕士学位论文，2009.

［54］James A. Banks. An Introduction to Multicultural Education. New

York: Allyn and Bacon, 2002.

[55] Patricia G. Ramsey and Leslie R. Willians. Multicultural Education: A Source Book. London: Rout ledge Falmer, 2003.

[56] Walter C. Parker. Social Studies Today: Research and Practice. New York: Taylor and Francis, 2010.

[57] Ian Hacking. Historical on tology. Cambridge, MA: Harvard University Press, 2002.

[58] Malcolm Glad well. Out liers. Little, Brown & Co. 2008.

[59] National Council for the Social Studies. Expectations of Excellence: Curriculum Standards for Social Studies . Washington, DC: National Council for the Social Studies, 1994.

[60] Cogan, J. & Derricott, R. (Eds) Citizenship for the 21stcentury: an international perspective on education, London: kogan page, 1998.

[61] Engle, S. H. & Ochoa, S. A. Education for democratic citizenship: decision making in the social studies, New York, N. Y: Teachers College Press, 1988.

[62] John J. Patrick Improving Civic Education in Schools. http://www/ericfacility. net/databases/ERIC－Digests/ed470039. html.

[63] North Tyneside TIPDS tudy Visit: Citizenship Education. (2003－10－12) [2010－09－12] http://www. norham. n－tyneside. sch. uk/citizen/photo. htm.

后　记

本书是我承担的教育部人文社会科学研究项目青年基金项目："民族地区中小学公民教育体系构建研究：以云南民族地区为例"（立项编号：10YJC880099）的研究成果之一，经过几年的艰苦努力，即将付梓了。我的研究生高贵忠负责云南民族地区中小学生公民意识现状调查部分的数据处理、校对和有关内容的撰写，云南民族大学艺术学院的陈燕负责中小学公民教育的世界发展趋势和云南民族地区中小学生公民意识现状调查的研究结论与建议等内容的撰写，感谢两位的支持与帮助。本书的出版，得到了民族出版社的鼎力相助，感谢民族出版社领导的悉心关照，感谢欧光明老师的热情鼓励和无私帮助，感谢责任编辑向征老师的精心工作和大力支持。另外，对在写作过程中参阅、引用的论著与其他资料的作者也表示衷心的感谢。由于国内外关于民族地区中小学公民教育的研究尚处于探索之中，更由于本人的学识与理论素养所限，本书难免出现疏漏、不足甚至错误之处，恳请各界人士批评和指正。期望本书的出版能够引起更多的学界人士对民族地区中小学公民教育的重视和关注，共同促进我国民族教育的研究和发展。

2017 年 8 月